U0570664

青少年应知的
节日国际日

杨 波 张爱国 编著

吉林人民出版社

图书在版编目(CIP)数据

青少年应知的节日国际日 / 杨波，张爱国编著. ——
长春：吉林人民出版社，2012.4
（青少年常识读本. 第2辑）
ISBN 978-7-206-08738-7

Ⅰ.①青… Ⅱ.①杨… ②张… Ⅲ.①纪念日－世界
－青年读物②纪念日－世界－少年读物 Ⅳ.①K891.1

中国版本图书馆CIP数据核字（2012）第068112号

青少年应知的节日国际日

QINGSHAONIAN YING ZHI DE JIERI GUOJIRI

编　　著：杨　波　张爱国
责任编辑：王　静　　　　　　　　封面设计：七　洱
吉林人民出版社出版 发行（长春市人民大街7548号　邮政编码：130022）
印　　刷：北京市一鑫印务有限公司
开　　本：670mm×950mm　　　　1/16
印　　张：13　　　　　　　　字　　数：200千字
标准书号：ISBN 978-7-206-08738-7
版　　次：2012年7月第1版　　　印　　次：2023年6月第3次印刷
定　　价：45.00元

如发现印装质量问题，影响阅读，请与出版社联系调换。

CONTENTS

目录 CONTENTS

CONTENTS

国际海关日　1月26日

　　每年的1月26日是"国际海关日"。1983年，海关合作理事会成立30周年之际，把海关合作理事会成立的日子——1月26日确定为国际海关日，以纪念海关合作理事会的成立。

　　第二次世界大战以后，各国的经济逐步恢复，亟需发展彼此间的国际贸易，但各国海关制度的差别，妨碍了国际贸易及其他国家交流的开展，特别给关税及贸易统计的相互比较和国际谈判等问题带来了麻烦。为此，欧洲经济合作委员会的13国政府于1947年9月12日在巴黎发表联合声明，准备建立欧洲海关同盟，并在布鲁塞尔成立海关同盟小组。1950年12月，由该小组草拟，17个国家的代表共同签署了《关于建立海关合作理事会公约》。根据这一公约，海关合作理事会于1953年1月26日诞生了。总部设在布鲁塞尔。理事会的主要工作是召开一系列国际海关会议，会议议题大到如何与其他国际组织配合，打击国际贩毒活动，小到诸如茶叶包的属性等一类事情。各国代表或观察员通过参加会议，了解世界最新海关技术和监管办法，掌握国际海关的信息和动态。

　　1994年，海关合作理事会通过了议案，更名为"世界海关组织"，从而使该组织与"世界贸易组织（WTO）"相对应。

　　世界海关组织及其成员海关在每年的国际海关日都举办活动，庆祝并进行海关知识宣传。

海关基本职能

1. 监管进出境的运输工具、货物、行李物品、邮递物品和其他物品。

2. 征收关税和其他税、费。关税是对进出境货物、物品所征收的税，征税主体是海关。

3. 查缉走私。

4. 编制海关统计表。国家进出口货物贸易统计，由海关负责。

5. 办理其他海关业务。

国际海关日历年主题

2002年：海关廉政日

2006年：安全与便利措施保障下更为安全的国际贸易

2007年：维护版权、支持正版

2009年：打击假冒和盗版

2010年：海关与商界：伙伴合作、共创佳绩

2011年：认识是杰出海关的催化剂

世界湿地日　2月2日

　　每年的2月2日为"世界湿地日"，在这一天，世界各国都举行不同形式的活动来宣传保护自然资源和生态环境。

　　湿地与森林、海洋并称为全球三大生态系统，孕育和丰富了全球的生物多样性，素有"地球之肾""生命摇篮""文明的发源地""物种的基因库"之美誉。《诗经》中"关关雎鸠，在河之洲，窈窕淑女，君子好逑"写的是湿地；"蒹葭苍苍，白露为霜。所谓伊人，在水一方"写的也是湿地。

　　湿地具有很强的调节地下水的功能，能有效地蓄水、抵抗洪峰；它能够净化污水，调节区域小气候；湿地还是水生动物、两栖动物、鸟类和其他野生生物的重要栖息地。

　　然而，由于人们开垦湿地或改变其用途，使得湿地生态环境遭到了严重的破坏。如：造成洪涝灾害加剧、干旱化趋势明显、生物多样性急剧减少等。

　　为了保护湿地，十多个国家于1971年2月2日在伊朗的拉姆萨尔签署了一个重要的湿地公约——《拉姆萨尔公约》（简称《湿地公约》）。这个公约的主要作用是通过全球各国政府间的共同合作，保护湿地及其生物多样性，特别是水禽和它赖以生存的环境。公约的全名是《关于特别是作为水禽栖息地的国际重要湿地公约》。它是一个政府间公约，是湿地保护及其资源合理利用国家行动和国际合作框架。目前，有158个缔约方，共有1 754个湿地列入国际重要湿地名录，总面积约1.61亿公顷。

1996年10月湿地公约第19次常委会决定将每年2月2日定为世界湿地日，每年确定一个主题。利用这一天，政府机构、组织和公民可以采取大大小小的行动来提高公众对湿地价值和效益的认识。

如今全球庞大的人口数量、快速的经济增长和有限的水土资源，使湿地保护还面临着严峻的长期挑战。认识不足，湿地保护机构不健全，法规不完善，资金投入不足，管理力度薄弱，侵占、破坏湿地的事件还时有发生。围湖造田、围海造地、截留水源、滩涂开垦比比皆是；非法猎杀、捕捞、采挖屡禁不止；大地的肾脏被人类粗暴地割开一道道伤口。在我们日益关注自己的肾脏、想方设法"补肾"的时候，莫忘了保护"地球之肾"！

链 接

湿 地

泛指暂时或长期、天然或人工的覆盖水深不超过2米的低地、土壤充水较多的草甸、以及低潮时水深不过6米的沿海地区，包括各种咸水淡水沼泽地、湿草甸、湖泊、河流以及泛洪平原、河口三角洲、泥炭地、湖海滩涂、河边洼地或漫滩、湿草原等。

湿地与人类的生存、繁衍、发展息息相关，它不仅为人类的生产、生活提供多种资源，而且具有巨大的环境功能和效益。

全球湿地价值14.9万亿美元。目前，全世界约有湿地5.14亿公顷。中国湿地面积约3 848万公顷，居世界第四位、亚洲第一

位，建立湿地自然保护区470多个，已有45％的自然湿地得到有效保护，并有30块湿地列入国际重要湿地名录。

世界湿地日历年主题

1997年：湿地是生命之源

1998年：湿地之水，水之湿地

1999年：人与湿地，息息相关

2000年：珍惜我们共同的国际重要湿地

2001年：湿地世界——有待探索的世界

2002年：湿地：水、生命和文化

2003年：没有湿地，就没有水

2004年：从高山到海洋，湿地在为人类服务

2005年：湿地生物多样性和文化多样性

2006年：湿地与减贫

2007年：湿地与鱼类

2008年：健康的湿地，健康的人类

2009年：从上游到下游，湿地连着你和我

2010年：携手保护湿地、应对气候变化

情人节　2月14日

　　情人节，又叫圣瓦伦丁节或圣华伦泰节（St. Valentine's Day），在每年的2月14日，是西方的传统节日之一。男女在这一天互送巧克力、贺卡和鲜花，用以表达爱意或友好，现已成为世界各国青年人喜爱的节日。

　　关于它的来历有不同的版本，第一个版本有着神秘的色彩。公元3世纪时，古罗马有一位暴君叫克劳多斯。离暴君的宫殿不远的神庙里住着修士瓦伦丁。罗马人非常崇敬他，总会群集在他的周围，聆听他的祈祷。为了自己的私利，暴君克劳多斯征召了大批公民前往战场，这使人们怨声载道。男人们不愿意离开家庭，小伙子们不忍与情人分开。克劳多斯便传令人们不许举行婚礼，甚至连所有已订了婚的人也马上要解除婚约。许多年轻人就这样告别爱人，悲愤地走向战场。年轻的姑娘们也由于失去爱侣而抑郁神伤。瓦伦丁对暴君的虐行感到非常难过。当一对情侣来到神庙请求他的帮助时，他在神圣的祭坛前为他们悄悄地举行了婚礼。一传十，十传百，很多人都在瓦伦丁的帮助下结成夫妻。消息传到了暴君的耳里，克劳多斯暴跳如雷，他命令士兵们冲进神庙，将瓦伦丁从一对正在举行婚礼的新人身旁拖走，投入地牢。人们苦苦哀求暴君对瓦伦丁的赦免，但都徒劳而返。瓦伦丁终于在地牢里受尽折磨而死。悲伤的人们将他安葬于圣普拉教堂。那一天是2月14日，后人为了纪念他，便把每年的这一天定为情人节。

第二个版本说，2月14日情人节是古罗马为表示对约娜的尊敬而设的节日。约娜是罗马众神的皇后，也是妇女和婚姻之神。在古罗马，年轻男女是被严格分开的。然而，在2月14日这一天，小伙子们却可以与自己心爱的姑娘一起跳舞，并坠入爱河。后人为此而将每年的这一天定为情人节。

另外的版本似乎没有前面的精彩。传说中瓦伦丁是最早的基督徒之一，那个时代做一名基督徒意味着危险和死亡。为掩护其他信徒，瓦伦丁被抓住，进入了监牢。在狱中他治愈了典狱长女儿失明的双眼。当暴君听到这一奇迹时，感到非常害怕，于是将瓦伦丁斩首示众。据传说，在行刑的那一天早晨，瓦伦丁给典狱长的女儿写了一封情意绵绵的告别信，落款是："寄自你的瓦伦丁"。

历史学家们关于情人节的演绎似乎更令人信服。当罗马城刚刚奠基时，周围还是一片荒野，成群的狼四处游荡。在罗马人崇拜的众神中，畜牧神卢波库斯掌管着对牧羊人和羊群的保护。每年2月中，罗马人会举行盛大的典礼来庆祝牧神节，是对即将来临的春天的庆祝。也有人说这个节日是庆祝主管畜牧和农业的法乌努斯神的。牧神节的起源实在是过于久远了，连公元前1世纪的学者们都无法确认。但是这一节日的重要性是不容置疑的。随着罗马势力在欧洲的扩张，牧神节的习俗被带到了现在的法国和英国等地。人们最乐此不疲的一项节日活动类似于摸彩。年轻女子们的名字被放置于盒子内，然后年轻男子上前抽取，抽中的一对男女成为情人。基督教的兴起使人们纪念众神的习俗逐渐淡漠，但教士们不希望人们放弃节日的欢乐，于是将牧神节改成瓦伦丁节，并移至2月14日。这样，关于瓦伦丁修士的传说和古老的节

日就被自然地结合在一起。

这一节日在中世纪的英国最为流行。未婚男女的名字被抽出后，他们会互相交换礼物，女子在这一年内成为男子的"瓦伦丁（Valentine）"，在男子的衣袖会绣上女子的名字，照顾和保护该女子成为该男子的神圣职责。

有史可查的现代意义上的瓦伦丁情书是在15世纪早期。法国年轻的奥尔良大公在阿根科特战役中被英军俘虏，被关在伦敦塔中的多年里他写给妻子很多首情诗，大约60首保存至今。用鲜花做情人节的信物在大约200年后出现。在法王亨利四世的女儿举行的瓦伦丁节晚会上，所有女士都会从选中她做瓦伦丁（Valentine）的男士那里获得一束鲜花。

就这样，延续着古老的意大利、法国和英国习俗，我们得以在每年的2月14日向自己的朋友传递爱的信息。鲜花、心形糖果、用花边和褶穗掩盖了送物人名字的信物，不仅仅是代表着一份真挚的爱，更是对敢于反抗暴政的瓦伦丁修士的最好缅怀。

链　接

情人节习俗

不同时代，过情人节的习俗有所不同。其中1837-1901年的英国维多利亚女王时期的情人节习俗最为独特：2月14日这一天，一对对情人，将一株生有两朵含苞待放花蕾的春枝移植在特制的盆内。花名的第一个字母必须与这对情人中的一个姓名的第一个字母吻合。人们认为：几天后，如果这春枝上的双蕾怒放，交相辉映，便预示这对情人白首偕老；如果双蕾各分西东，相背吐蕊，这对情

人终将劳燕分飞；如果花开得硕大、灿烂，表示以后子孙满堂，合家欢乐；倘若一花枯萎凋谢，则情人中的一人有早夭之险。在白金汉郡还曾盛行在情人节之夜祈祷的风俗：点燃一支蜡烛，插入两枚细针，从烛底插到烛心，然后默念自己爱人的名字，祈祷相爱始终，待蜡烛燃至针尖，据说所爱之人便会及时叩扉而至。还有个情人节的习俗：在情人节前一周内，连续7夜，将左脚袜子脱下穿到右脚上，反复祝愿："愿我的心爱人儿能进入今宵梦境。"据说，这时月下老就会抛下一根吉利的大红丝线。还有将袜子脱下绕在颈项祈爱的。维多利亚时代之后，情人节风俗渐渐淡化，20世纪三四十年代，随着贺卡的盛行，情人节又热火重燃。

通常在情人节中，以赠送一支红玫瑰来表达情人之间的感情。将一支半开的红玫瑰衬上一片形色漂亮的绿叶，然后装在一个透明的单支花的胶袋中，在花柄的下半部用彩带系上一个漂亮的蝴蝶结，形成一个精美秀丽的小型花束，以此作为情人节的最佳礼物。

情人节的巧克力也是不可或缺的。巧克力自它诞生以来就与情爱有着千丝万缕的联系。相爱的人们用甜蜜的巧克力表达对爱人的浓浓情谊。

一年中的12个情人节

1月14日：日记情人节

2月14日：传统情人节

3月14日：白色情人节

4月14日：黑色情人节

5月14日：黄色与玫瑰情人节

6月14日：亲吻情人节

7月14日：银色情人节

8月14日：绿色情人节

9月14日：音乐情人节与相片情人节

10月14日：葡萄酒情人节

11月14日：橙色情人节与电影情人节

12月14日：拥抱情人节

狂欢节　2月中下旬

　　世界上不少国家都有狂欢节。这个节日起源于欧洲的中世纪，古希腊和古罗马的木神节、酒神节都可以说是其前身。早期的狂欢节与复活节关系密切。复活节前有一个为期40天的大斋期，即四旬斋（lent）。斋期里禁娱乐、肉食，人们反省、忏悔以纪念复活节前三天遭难的耶稣，生活肃穆沉闷。于是在斋期开始的前三天里，人们会专门举行宴会、舞会、游行，纵情欢乐，故有"狂欢节"之说。如今已没有多少人坚守大斋期之类的清规戒律，但传统的狂欢活动却保留了下来，成为人们抒发对幸福、自由生活向往之情的重要节日。

　　欧洲和南美洲地区的人们都庆祝狂欢节。但各地庆祝节日的日期并不相同，其中大部分国家的狂欢节庆祝活动都在2月中下旬举行。各国的狂欢节都颇具特色，但总的来说，都是以无拘无束地纵酒饮乐著称。其中最负盛名的当属巴西狂欢节。

　　巴西狂欢节亦称嘉年华会，是由西班牙传入。有史学家认为，巴西人对本土文化的崇拜，导致巴西的狂欢节不同于传统的狂欢节，还有人认为它或许是非洲和伊比利亚两种文化的混合体。早期的巴西狂欢节最初是作为天主教的主要节日，一般在每年2月中下旬举行，历时3天，现已改为从星期六开始，包括星期六、星期日和下一个星期一、星期二，全国共放假4天。一百多年来，

011

巴西的狂欢节吸收了非洲桑巴舞曲和舞蹈等元素，庆典内容得到极大丰富，逐步由闹剧、上层社会的豪华假面舞会，演变成为全社会各阶层共同参与、共同分享的生动、热烈的庆典活动。今天的狂欢节，就是跳着桑巴舞步进行的有故事情节的盛大化装舞会，是一年一度的音乐、舞蹈和服装艺术的大展示。狂欢节期间，巴西男女老幼涌上街头，载歌载舞，如痴如醉。它已是巴西特有的一个民间传统节日。

在德国，狂欢节基本是除圣诞节之外最盛大的节日了。德国的杜塞尔多夫狂欢节是欧洲参加人数最多和最热闹的狂欢节之一。数千人的游行队伍和上百万的参观者共享德国享誉世界的美味啤酒，在欢乐的氛围中或沿街歌舞狂欢，或到酒吧肆意游乐。

位于比利时中部海诺省的班什于每年2月举行的狂欢节，吸引着周边法国、德国和荷兰的广大民众前来助兴。节日的寓意与中国的春节颇为相似，辞旧迎新。滑稽小丑"日乐"是狂欢节游行的主角，他们脚蹬4寸厚的木跟鞋，身穿红黄相间的紧身服，头顶1米长的彩色鸵鸟羽毛，在铿锵明快的鼓乐中，踩出比利时民间热烈欢快的舞步。出于传统，狂欢节这天，班什所有店铺的饮料和啤酒全部免费供应。所有的人在这里没有国籍肤色之分，只有狂欢、纵情和喜悦。抛橘子是狂欢节的高潮，小丑们人手一只竹篮，把金黄色的橘子撒向欢呼雀跃的人群，橘子象征着吉祥，接到橘子的人据说会好运连连。"祝你好运"的问候声，夹杂着人们的笑声和尖叫，把一向静谧的班什老城闹翻了天。2003年11月班什狂欢节被列入联合国教科文组织"人类口述和非物质文化遗产代表作"。这是欧洲四项非物质遗产代表作中的一项，另外三项分别是意大利西西里岛的木偶戏，立陶宛的十字形民间工艺和西班牙的神秘剧。

狂欢节已被欧洲不少国家开发为冬季旅游资源，这一点在法国尼斯狂欢节上显现得最为明显。尼斯作为法国第五大城市和第二大旅游胜地，狂欢节是其冬季的亮点，也是城市投资的重点。为了既尊重传统又跟上时代，自20世纪50年代起，尼斯市政府在每届尼斯狂欢节上都会确定一个主题，马戏、小丑、美食、欢笑、疯狂、爱情等等都曾作为狂欢节的主题被着重展现。这里的狂欢节每年持续两至三周，以花车游行、音乐舞蹈表演和游艺活动为主，花车穿插彩车游行、美丽的少女向游人投掷鲜花是尼斯狂欢节一大特色。化装大游行和大型狂欢舞会将人们的狂欢情绪一波一波地推向高潮。人们三五成群喝着香槟，拉着手风琴，穿着五彩的服装，戴着怪异的假面，沿街欢快游走。街头洋溢着人们的欢歌笑语，音乐舞蹈昼夜不休，灯光和焰火点亮夜色，整个尼斯华彩缤纷，艳光四射。

威尼斯狂欢节是当今世界上历史最久、规模最大的狂欢节之一。18世纪，威尼斯城邦共和国狂欢活动盛极一时，欧洲各国皇室的王公大臣、贵族淑女都在节日期间前往威尼斯，观看音乐和戏剧演出，参与民众狂欢。威尼斯遂赢得"狂欢节之城"的称号。19世纪之后，随着威尼斯共和国走向衰亡，威尼斯狂欢节也逐渐失去活力。直到近年随着本地旅游事业的迅速发展，威尼斯的狂欢节又得以重新焕发活力。威尼斯狂欢节最大的特点是它的面具，其次是它的华丽服饰。这一传统可追溯到1 700年前。在面具的后面，社会差异被消除，贫富差距无人看见，实现了暂时的人人平等，他们互相尊敬地打着招呼，共享狂欢节的游艺欢乐。威尼斯狂欢节每年2月举行，为期一周。在狂欢节里，人们身着传统的意大利华丽服饰，带上各式各样的诡异面具到圣马克广场狂欢。水城威尼斯以独特的风景和文化底蕴吸引着世界各地的游人，这

里平时都是游人如织，到了狂欢节，慕名而来的游客更是源源不断。威尼斯本就是一个千变万化、充满魔力的城市，在这里过狂欢节就好像是亲自去揭开她神秘的面纱，其独特和美妙之处超乎想象。

国际妇女节　3月8日

　　每年的3月8日是"国际妇女节"，又称"联合国妇女权益和国际和平日"(U.N. Day for Women's Rights and International Peace)或"三八妇女节"，是全世界劳动妇女团结战斗的光辉节日。

　　这个节日是联合国承认的，同时也被很多国家确定为法定假日。来自五湖四海的妇女们，尽管被不同的国界、种族、语言、文化、经济和政治所区分，但都能在这一天同时庆祝属于自己的节日。让我们再回首那100多年前妇女们为得到平等、公正、和平以及发展所作出的斗争。

　　1857年3月8日，美国纽约的服装和纺织女工为了反对非人道的工作环境、12小时工作制和低薪，举行了一次抗议。但是手无缚鸡之力的游行者被警察围攻并驱散。两年后的3月，这些妇女组织了第一个工会。

　　首次的失败不但没有削弱妇女们的信心，反而使她们积蓄了无穷的力量。半个世纪后，又是一个3月8日，1 500名妇女在纽约市游行，要求缩短工作时间，提高劳动报酬，享有选举权，禁止使用童工。她们提出的口号是"面包和玫瑰"（面包象征经济保障，玫瑰象征较好的生活质量）。不久，美国社会党决定以2月的最后一个星期日作为国内的妇女节。

　　第一次世界大战前，战争的阴影笼罩着世界，帝国主义企图

瓜分殖民地。国际社会主义者第二次妇女代表大会上，17个国家代表讨论的主要问题是反对帝国主义扩军备战，保卫世界和平；同时还讨论了保护妇女儿童的权利，争取8小时工作制和妇女选举权问题。著名德国社会主义革命家、杰出的共产主义战士克拉拉·蔡特金倡议，以每年的3月8日作为全世界妇女的斗争日，得到与会代表的一致拥护。从此以后，三八妇女节就成为世界妇女争取权利、争取解放的节日。

1911年的3月8日为第一个国际劳动妇女节。

我国于1922年开始纪念三八妇女节。中国妇女第一次群众性的纪念三八妇女节活动是1924年在广州举行的。新中国成立后，规定每年的3月8日为劳动妇女节。

联合国从1975年国际妇女年开始庆祝国际妇女节，确认普通妇女争取平等参与社会的传统。1977年大会通过了一项决议，请每个国家按照自己的历史和民族传统习俗，选定一年中的某一天为联合国妇女权利和世界和平日。对联合国而言，国际妇女节定为3月8日。

值得一提的是南非妇女节时间有别于国际妇女节。1956年8月9日，数百名黑人妇女在比勒陀利亚举行示威游行，抗议当局推行种族隔离的《通行证法》。新南非政府将这一天定为妇女节，以纪念南非妇女在争取平等斗争中所做出的贡献，并将这一天定为全国公假日。从此，每年的8月9日，南非各地的妇女纷纷举行各种形式的庆祝活动，要求实现男女平等、结束党派冲突与暴力、保证妇女生存权益和反对性骚扰与性犯罪，以消除旧南非种族隔离制度造成的根深蒂固的歧视妇女的影响。

克拉拉·蔡特金

德国人，（1857-1933），出生于德国萨克森，是国际妇女运动的先驱人物。在"法国大革命一百周年"纪念大会上，她发表了题为《为了妇女解放》的专题演说，提出了妇女经济独立、男女同工同酬、改变现行社会制度的观点。"第二国际"成立大会上，在克拉拉的倡议下会议通过了"对女工的特别保护规定"和男女同工同酬的决议。由于克拉拉把实现人类和妇女的全部解放视为其毕生心愿并为之奋斗，因此被誉为"国际妇女运动之母"。

饶有情趣的世界妇女节

在世界各地，除三八妇女节之外，还有许多专属女性的节日。

掌权日　每年的1月4日，是瑞士某些地区的"妇女掌权日"，在为期4天的节日中，家里大小事务全由妇女说了算，男人统统"闭嘴"。

求爱日　每逢闰2月29日这天，是英国旧俗中的"妇女求爱日"。这一天，妇女可以摆脱世俗的清规戒律，大胆向意中人或未拿定主意的情人示意。

女市长节　西班牙的"女市长节"，也在2月份。当日，由女性主持市政公务，发号施令，男人如违抗，就会被公众群起攻之。

少女节　3月3日是日本的"少女节"，又称"姑娘节"，是全国性的节日。日本人认为，这时正值红桃报春，是女性美的象征，

所以也叫"桃花节"。

妈妈节　4月，在尼泊尔有一个历时3天的妇女节，来自各地的妇女，披着红色"纱笼"，成群结队地涌向首都加德满都的帕苏帕蒂庙。她们在吃饱了由丈夫烹煮的美食后，便在神像前大唱赞歌。在印度，这个月有一个"妈妈节"。这一天，已为人母者穿上彩色缤纷的"纱笼"，带上各种首饰，显得风姿绰约。这日也是一年中她们最受尊重的一天。

母亲节　5月的第二个星期日，是美国、加拿大和欧洲一些国家的母亲节，其主要内容是尊敬母亲。这一天，美国的家庭成员要按习惯佩戴石竹花，做一些使母亲高兴的事。

5月29日，是中非的"母亲节"，母亲要带着孩子参加游行。

百女节　5月的第三个星期日，是西班牙的"百女节"，订了婚还未过门的少女们持花登高，互相祝福。

太太节　8月23日至9月15日，是德国汉堡的"太太节"。由妇女组成的演艺团体，专演一些宣传男女平等的戏，以示庆祝。

狂欢节　10月10日至15日，是德国莱茵地区的"妇女狂欢节"。在此期间，妇女"大自由"。男人们不得查探妇女活动的内容，违者会被抓问罪。10月17日，是非洲马拉维共和国的妇女节，这一天有全国性庆典，男人在当天要对妻子呵护有加，侍候周到。

休息日　12月31日到第二天中午，是希腊的"主妇休息日"。这天，妇女在家里什么也不干，一切家务全由男人承担。

国际消费者权益日
3月15日

3月15日，"国际消费者权益日"，可以说是消费者的节日。说到节日，人们首先想到的是喜气、欢乐，即便是清明节祭奠先人，也充满着祝福的祥和。如果用这个标准来衡量，"3·15"的确是消费者的节日。它不但教会了消费者用法律来维护自己的权益，而且使一个社会的消费过程，成为"我为人人，人人为我"的过程。

早在1960年，美国、英国、澳大利亚、比利时和荷兰等5个国家的消费者发起成立了独立的、不以盈利为目的的、无政治倾向的世界消费者联盟，总部设在海牙，现已迁至英国的伦敦。目前，它的成员已有来自近百个国家和地区的300多个消费者组织。而"3·15"这一日期的选定是基于美国前总统约 翰·肯尼迪于1962年3月15日在美国国会发表的《关于保护消费者利益的总统特别咨文》中，首次提出了著名的消费者的"四项权利"。为在国际范围内更好地保护消费者权益，1983年国际消费者联盟组织（现称国际消费者协会）把每年的3月15日定为国际消费者权益日，并规定消费者应享有的基本权利。

从那以后，每年的这一天世界各国的消费者组织都要举行大

规模活动，通过各种形式，利用各种宣传媒体集中宣传消费者的权利、消费者组织的义务，显示消费者的强大力量。

随着国际消费者权益保护运动的不断发展，第39届联合国大会一致通过《保护消费者准则》，大大促进了世界各国制定并实施消费者权益保护法的工作。不仅如此，近年来各国普遍采用新闻监督、检验、加强标准化和立法等手段保护消费者的利益，制定了各种法规，并采取了多种措施，使全球消费者保护运动蓬勃发展。

1987年，中国消费者协会被国际消费者联盟组织接受为正式成员。从这一年开始，每年的3月15日，中国消费者协会及地方各级协会也都要联合各有关部门共同举办大规模的宣传活动，运用各种方式介绍消费知识和有关法律知识，宣传消费者的权利；唤醒、提高消费者的自我保护意识；促进全社会都来关心、支持消费者合法权益保护工作。

从某种意义上说，消费和被消费，商品的生产者和商品的购买者是辩证的、相辅相成的关系。在一定程度上，好商品不是生产出来的，是消费出来的；好的服务也不是培训出来的，是挑剔的客户挑出来的。没有挑剔的消费者，就没有好的服务；没有优秀的消费者，就没有优秀的产品。让我们都来做一个挑剔、优秀、智慧的消费者吧！

国际消除种族歧视日
3月21日

　　3月21日是联合国确定的"国际消除种族歧视日"。每年的这一天，联合国和世界许多国家都要举行活动，以纪念"沙佩维尔惨案"和呼吁人们反对种族歧视。

　　"沙佩维尔惨案"于1960年3月21日发生在种族主义盛行的南非。当天，南非德兰士瓦省沙佩维尔镇的黑人举行大规模游行，反对南非当局推行带有种族歧视色彩的《通行证法》。南非当局对游行群众进行野蛮镇压，造成69人死亡、180人受伤。《通行证法》规定，年满16岁的非白人必须随身携带通行证，证件不全者随时会遭到逮捕。

　　为了纪念"沙佩维尔惨案"事件和反对种族歧视，联合国大会1966年通过决议，决定将每年的3月21日定为国际消除种族歧视日。

　　近几年，种族主义、种族歧视、种族排斥等现象又在世界许多地方有所抬头。《2005年美国的人权纪录》显示，在美国的司法和医疗等领域、就业方面和职场中，存在着相当严重的种族歧视现象，黑人和其他少数民族处于美国社会的底层。截至2005年11

月，美国白人的失业率为4.3%，黑人是10.6%，黑人失业率是白人的两倍多。《2005年美国非裔状况》调查报告显示，目前非裔家庭收入只有白人家庭收入的1/10；黑人享受的福利只占白人的3/4。2004年，美国黑人的贫困人口比例高达24.7%，拉美裔的贫困人口比例为21.9%。美国有色人种没有医疗保险的比例远远高于白人，几乎每3个拉美裔人当中就有1人没有医疗保险。相关数字显示，由于缺乏医疗保险，美国每年有8万多名黑人死亡。因此在彻底消除种族歧视方面，联合国和世界各国依然任重道远。

链　接

联合国反对种族主义和种族歧视大事记

1963年11月，发表《联合国消除一切形式种族歧视宣言》。

1965年12月，签署《消除一切形式种族歧视国际公约》，要求缔约国保证所有公民不分种族、肤色、民族或人种，在法律上享有一律平等的权利。

1973年11月，签署《禁止并惩治种族隔离罪行国际公约》，呼吁对犯有种族隔离罪行的组织、机构或个人进行惩治。

复活节
3月21日后月圆后第一个星期日

在欧美各国，复活节是仅次于圣诞节的重大节日，更是基督教的最重大节日，重要性超过圣诞节。按照西方教会传统，过了春分（3月21日）见到第一个满月之后，遇到的第一个星期日即为复活节。东方教会还规定，如果满月恰好出现在第一个星期日，则复活节再推迟一周。因此，复活节大致在3月22日至4月25日之间。

据《圣经·马太福音》记载，耶稣在十字架上受刑死后三天复活，因而设立此节。耶稣因遭犹大出卖而被捕，受审后在逾越节被行刑。士兵们先是鞭打羞辱耶稣，随后将他钉到了十字架上。夜幕来临之际，耶稣仰天大叫："我的上帝，我的上帝，为什么离弃我！"随后头便垂了下来，一动不动。耶稣死后发生了地震、石崩等一系列奇异现象，令在场的行刑者惶恐不安，而更令他们惊惧的是，他们都听到了耶稣临终前的最后一句话，"我的信徒们，无需为我的死悲伤，三日后我必将复活。"果然，三日后一个天使从天而降，宣布了耶稣复活的消息。耶稣复活后，曾多次向其信徒现身，宣扬教义。在复活后的第四十天，他在信徒们的面前返回天堂，回到天父身边。这一天，也是基督教的盛大节日之一——耶稣升天节。

随着社会的进步，复活节的宗教色彩越来越淡薄，其作为一个民俗节日的特征，则越来越明显。现在的游行往往具有浓烈的民间特色和地方特色。在美国，游行队伍中有踩着高跷的身穿牛仔服的小丑，也有深受孩子欢迎的迪斯尼人物米老鼠；在英国，游行主要介绍当地的历史和风土人情，游行队伍中有民族风格的风笛乐队，孩子们则装扮成维多利亚女皇时代的皇室卫队等。

复活节在不少西方国家都被定为固定假日，高校学生的春假也从这一天开始。时逢风和日丽、春暖花开的时节，不少家庭会在这一天全家团聚，到公园或郊外出游踏青，尽享节日的欢乐。

复活蛋是复活节里最重要的食物象征，意味着生命的开始与延续。吃复活蛋、将彩蛋作为游戏，是复活节期间最重要的、也最有趣的习俗。鸡蛋是新生命的象征，古代斯堪的纳维亚地区欢庆"春太阳节"时，把鸡蛋寓意为太阳，将其染成红色，以此来祈求生活的美满幸福。"复活蛋"即由此而来。也有人说，鸡蛋象征多子多孙，基督徒则用其来象征"耶稣复活，走出石墓"。12世纪时，复活节庆典中加入鸡蛋，鸡蛋大多被涂以红色，也有被做成漂亮的彩绘的。滚彩蛋的风俗来源已久，复活节时孩子们把彩蛋放在地上或山坡上滚动，最后破裂的彩蛋主人即为获胜。人们相信，彩蛋在地上不断滚动会使恶魔不断惊颤，受尽煎熬。

复活节的另一象征是小兔子，称"复活节兔子"。野兔繁殖能力极强，被人们视为新生命的创造者。复活节期间大人们会在花园草坪里藏一些彩蛋，让孩子们去玩找彩蛋的游戏。复活节这天孩子们大多都会收到一个兔子形状的礼物，制作精巧的复活节兔子和彩蛋更成为节日期间抢手的商品。美国的糖果店会在此期间制作巧克力的复活节兔子和彩蛋。这些彩蛋最小的和鸡蛋差不多，大的竟然有甜瓜那么大，深受孩子们喜爱。

复活节的传统食品是肉食。在欧洲许多国家，复活节这天的主食都是羔羊肉。因此用羊祭祀，是过节的一个老传统。羔羊象征着耶稣的献身。美国人的主食一般是羊肉和火腿，吃火腿，据说是英国人遗俗，后来被早期的英移民带到美国。美国人会把为复活节准备的食物都放在一个篮子里，有面包、蛋卷、饮料等，而这个篮子就称为"复活节篮子"。

　　在欧洲许多国家中，通常还会另外烤制"复活节面包"，这些面包上一般画有基督耶稣的字样，或十字架、羔羊的图案等等。

世界森林日　3月21日

　　每年3月21日也是"世界森林日"。1971年第七届世界森林大会决定将每年的3月21日定为世界森林日，以引起各国对人类的绿色保护神——森林资源的重视，通过协调人类与森林的关系，实现森林资源的可持续利用。

　　森林是陆地生态系统的主体，是陆地上最大的生物群落，是人类社会赖以生存的物质基础，是哺育人类的绿色摇篮。森林可谓为人类做出了巨大贡献，它在环境安全、消除贫困、提高人类生活水平等许多方面蕴藏着巨大潜力。但根据联合国粮农组织2001年的报告，全球森林已从1990年的39.6亿公顷下降到2000年的38亿公顷，全球每年消失的森林近千万公顷。森林虽具可再生特点，但也经不起人类的大肆掠夺。

　　森林面积减少受诸多因素的影响，比如人口增加、当地环境因素、政府发展农业开发土地的政策、森林火灾等。但导致森林面积减少最主要的因素则是开发森林生产木材及林产品。非法砍伐森林更是导致森林锐减的另一个十分重要的因素。据联合国粮农组织2002年报告，全球四大木材生产国（俄罗斯、巴西、印度尼西亚和民主刚果）所生产的木材有相当比重来自非法砍伐。

　　人类需要改变与可持续发展相悖的生产和消费方式，维护和增加森林覆盖面积，恢复并提高森林功能，加强种植业以弥补对

森林的开发使用，重视森林土著人和森林工人的权利等。对我们普通人来讲，就要从自觉放弃使用每天就消耗掉大量木材的一次性筷子等小事做起。善待森林，无异于善待人类自己。

链　接

中国森林面积居世界第五位，面积为15 894.1万公顷，占世界3.9%，森林覆盖率16.55％。

世界儿歌日　3月21日

　　1976年在比利时克诺克的两年一度的国际诗歌会中创立了"世界儿歌日"，由13岁以下的儿童每年在3月21日（二十四节气中的第四个节气——春分）——春天到来的第一天举行庆祝活动。主题是：关爱儿童、缔造和平、消灭战争、建设家园。这项活动得到了联合国教科文组织的认可和支持。每年这一天，各国儿童组织、教育机构用多种形式庆祝这一节日。同时这一天也是世界森林日。森林无边的绿意与孩子们的天真烂漫，构成了诗歌语言的土壤以及阳光。

　　一首好听的儿歌，足以让人铭记一生。"我在马路边捡到一分钱，把它交到警察叔叔手里边……"，你是否还记得小时候时常哼唱的儿歌？我国从1996年开始，每年举行各种形式的活动庆祝"世界儿歌日"。针对"灰色童谣"的流传，我国很多城市都发起了用健康新童谣取代内容消极、格调低下的"灰色童谣"活动，并向全社会广泛征集新童谣，经常有一些优秀作品被编辑成《新童谣》小学生精选本、幼儿精选本出版发行。

世界睡眠日　3月21日

　　为引起人们对睡眠重要性和睡眠质量的关注，国际精神卫生和神经科学基金会于2001年发起了一项全球睡眠和健康计划，并将每年的3月21日定为"世界睡眠日"。2003年，中国睡眠研究会将世界睡眠日正式引入中国。

　　睡眠时间占据着我们生命的1/3。充足的睡眠、均衡的饮食和适当的运动，是国际社会公认的三项健康标准，但人们对睡眠的重要性普遍缺乏认识。据世界卫生组织对14个国家15个地区的25 916名在基层医疗就诊的病人进行调查，发现有27%的人有睡眠问题。据报道，美国的失眠发生率高达32%~50%，英国10%~14%，日本20%，法国30%，我国也在30%以上，50%的学生存在睡眠不足。据中国睡眠研究会公布的最新睡眠调查结果，中国成年人失眠发生率为38.2%，高于国外发达国家的失眠发生率。睡眠障碍对生活质量的负面影响很大，但相当多的病人没有得到合理的诊断和治疗。睡眠障碍现已成为威胁世界各国公众的一个突出问题。医学研究表明，偶尔失眠会造成第二天疲倦和动作不协调，长期失眠则会带来注意力不能集中、记忆出现障碍和工作力不从心等后果。

　　此外，失眠与躯体疾病关系密切。睡眠不足会使人体免疫力下降，抗病和康复疾病的能力低下，容易感冒，并加重其他疾病

或诱发原有疾病的发作，如心血管、脑血管、高血压等疾病。实践还证明，手术后的病人如睡眠不好，伤口愈合的时间会明显延长。儿童如患有严重睡眠不足，可影响其身体发育。因为在睡眠时，特别是在深睡期，儿童脑内分泌的生长激素最多，这是促进孩子骨骼生长的主要物质。

动物试验也表明，小白鼠如果超过 6 天不睡眠，就会出现运动失调的症状，直至脑电波电压降低、消失而死亡。相比起小白鼠，人类对睡眠的依赖性更强，一个人只喝水不进食可以存活 7 天，而不睡眠只能存活 4 天。

进入 21 世纪全新的科技时代，人们的健康意识空前提高，"拥有健康才能拥有一切"的新理念深入人心，因此有关睡眠问题也引起了国际社会的关注。世界睡眠日之所以定在每年初春第一天，是因为季节变换的周期性和睡眠的昼夜交替规律都与我们的日常生活息息相关。总之，世界睡眠日是让全世界关注所有睡不好的人，引起人们对睡眠重要性和睡眠质量的关注，提醒我们：关注睡眠质量就是关注生活质量，关注睡眠就是关注健康。

链　接

世界睡眠日历年主题

2001 年：睁开眼睛，关注睡眠

2002 年：开启心灵之窗，共同关注睡眠

2003 年：睡出健康来

2004 年：睡眠，健康的选择

2005 年：睡眠与女性

2006年：健康睡眠进社区

2007年：科学的睡眠消费

2008年：健康生活，良好睡眠

2009年：科学管理睡眠

2010年：良好睡眠、健康人生

睡眠认识的误区

第一个误区是"数羊"入眠。失眠的夜晚，人们常常会使用不知何时开始流传的"数羊"方法，希望借此快速进入睡眠状态。但最新研究表明，这一方法无助于尽快入眠。

第二个误区是打鼾对健康无害。法国《健康》杂志日前刊文指出，偶尔打鼾且鼾声均匀，对人体的确没有明显的不良影响。但如果在睡眠中，打鼾多次引起呼吸暂停，且每次暂停时间超过10秒，就属于典型的睡眠呼吸暂停疾病，容易诱发高血压、心脏病、糖尿病等多种并发症。

第三个误区是老年人"觉少"很正常。《美国医学杂志》2007年曾刊文指出，老年人和年轻人一样需要充足的睡眠，这是健康长寿的一个重要因素。由于老年人睡眠功能退化，以及疾病等原因，夜间较难入睡，所以才会给人造成"觉少"的错觉，正确的方法是在白天适当"补觉"。

第四个误区是"打盹无益"。现代社会人的压力越来越大，睡眠透支已成为一种都市流行病。最新一期的德国《睡眠研究》杂志认为，这时候打个盹，小憩片刻，无疑是个不错的选择。美国"全国睡眠基金会"的最新调查显示，美国16%的公司甚至在办公区内专门设有"小憩区"，以帮助员工在最短时间内恢复体力。

什么是失眠？

　　失眠的典型症状是上床难以入睡持续两周以上。失眠的主要症状表现是上床难以入睡，或早醒或中间间断多醒；或多梦、噩梦，似睡非睡；或通宵难眠。失眠，是人们在日常生活中遇到某些干扰因素引起，出现一时的卧床难眠或间断多醒、早醒等症状，是常见的一种现象，一般经过自身精神或生活上的调节，不需服用什么安眠药物，于数日后可以自动恢复正常睡眠。但如果出现失眠持续时间两周以上，并有头晕胀痛、心慌心烦等症状，明显影响白天工作、学习和社会活动时，才是一种疾病的表现，当称失眠症。

　　失眠原因可归纳为 5 个 P：疼痛、发热、腹泻等身体 (Physical) 方面的原因，时差、倒班等生理 (Physiologic) 因素，压力、重大变故带来的心理 (Psychological) 问题，不安、忧郁症、酒精依赖症等精神医学 (Psychiatric) 上的原因，以及摄入抗癌或降血压药物、中枢神经抑制剂等药物造成的药理学 (Phatmacologic) 方面的因素。

世界水日　3月22日

　　"世界水日"是人类在20世纪末确定的又一个节日。为满足人们日常生活、商业和农业对水资源的需求，联合国长期以来致力于解决因水资源需求上升而引起的全球性水危机。1977年召开的"联合国水事会议"，向全世界发出严正警告：水不久将成为一个深刻的社会危机，继石油危机之后的下一个危机便是水。1993年1月18日，第47届联合国大会作出决议，确定每年的3月22日为世界水日。

　　水是一切生命赖以生存，社会经济发展不可缺少和不可替代的重要自然资源和环境要素。但是，现代社会的人口增长、工农业生产活动和城市化的急剧发展，对有限的水资源及水环境产生了巨大的冲击。在全球范围内，水质的污染、需水量的迅速增加以及部门间竞争性开发所导致的不合理利用，使水资源进一步短缺，水环境愈加恶化，严重地影响了社会经济的发展，威胁着人类的福祉。联合国每3年发表一次的《世界水资源开发报告》是对全球淡水资源进行最全面评估的报告。报告指出：由于管理不善、资源匮乏、环境变化及基础设施投入不足等原因，全球约有11亿人无法获得安全的饮用水，26亿人缺乏基本卫生设施。同时，水污染也进一步蚕食着大量可供利用的水资源，并危害着人类的健康。全球每年有310万人因饮用不洁水患病而死亡，其中近90%是不满5岁的儿童。

1996年，由水问题专家学者和相关国际机构组成的世界水理事会成立，并且决定每隔3年在世界水日前后举行一次大型国际会议，这就是世界水论坛会议。

链　接

世界水日主题

1994年：关心水资源人人有责

1995年：妇女和水

1996年：为干渴的城市供水

1997年：水的短缺

1998年：地下水——看不见的资源

1999年：我们（人类）永远生活在缺水状态之中

2000年：卫生用水

2001年：21世纪的水

2002年：水与发展

2003年：水——人类的未来

2004年：水与灾害

2005年：生命之水

2006年：水与文化

2007年：应对水短缺

2008年：涉水卫生

2009年：跨界水——共享的水、共享的机遇

2010年：关注水质、抓住机遇、应对挑战

全球水资源状况

地球上虽然"三分陆地七分水",水资源总量达14亿立方千米,但海洋占97.2%,淡水仅占2.8%,储量仅3.7亿亿立方米,其中绝大部分蕴藏在南极冰原和北极冰山中,人类生产和生活能利用的地表淡水仅为105万亿立方米。

目前全球主要面临九大"涉水"问题。

1. 饮用水安全状况不佳。联合国教科文组织发布材料说,发展中国家约90%的污水和70%的工业废水未经处理就排入河道,威胁饮用水安全。

2. 水资源管理不善及卫生状况不佳。世界卫生组织估计,全世界每年有9.1%的病例与不清洁水有关。

3. 大部分地区的水质在下降。联合国教科文组织援引有关证据说,受此影响,淡水物种和生态系统的多样性正在迅速衰退,其退化速度往往快于陆地生态系统。

4. 90%的自然灾害与水有关。

5. 农业用水供需矛盾更加紧张。联合国粮农组织指出,农业灌溉占当前全球江河等淡水使用量的70%以上。到2030年,全球粮食需求预计将提高55%,这意味着需要更多的灌溉用水。

6. 城市用水紧张。联合国有关机构的报告说,到2030年,城镇人口占全球总人口的比例会增加到近2/3,届时将有20亿人居住在棚户区和贫民窟,缺乏清洁用水和卫生设施将威胁他们的生存。

7. 水力资源开发不平衡。发展中国家有20多亿人得不到可靠的能源,欧洲开发利用了75%的水力资源,但非洲水力资源开发

率很低，60%的人还用不上电。

8.水资源浪费严重。世界许多地方因管道泄漏等原因，有多达30%至40%，甚至更多的水被白白浪费。

9.用于水资源的财政投入滞后。

绿水与蓝水

所谓"绿水"，主要是指植物根部的土壤存储的雨水。"绿水"概念是相对于河流、湖泊和地下蓄水层中的"蓝水"而言的。"绿水"概念是由瑞典斯德哥尔摩国际水研究中心专家马林·福尔肯马克在20世纪90年代早期提出的。世界上河流、湖泊、水库和地下蓄水层中的"蓝水"只占世界淡水资源的40%，在干旱地区就更少。要解决干旱地区的水危机就要管理好"绿水"：使雨水渗透到土壤中去并能被植物根吸收，从而使土壤保持充足的水分。

世界气象日　3月23日

　　"世界气象日"又称"国际气象日"，是世界气象组织成立的纪念日，时间在每年的3月23日。

　　气象是指大气的状态和现象，如：冷、热、干、湿、风、云、雨、雪等。台风、洪水、沙尘暴等气象状况更与我们的生活息息相关。1947年9月，国际气象组织在华盛顿召开会议，审议和通过了《世界气象组织公约》。1960年世界气象组织执行委员会决定把每年3月23日定为世界性纪念日，要求各成员国每年在这一天举行庆祝活动，并广泛宣传气象工作的重要作用。每年世界气象日都有一个中心活动内容，各成员国在这一天可根据当年的中心内容，开展多种形式的宣传和纪念活动，如组织群众到气象台站参观访问，举行有政府领导人参加的群众庆祝仪式，举办气象仪表装备、照片、图表和资料的展览，举行记者招待会，由报刊、广播电台、电视台报道特写文章和讲话，放映气象科学电影，发行纪念邮票等。

　　我国是世界气象组织的创始国之一，1972年恢复在该组织的合法席位。我国气象灾害损失占自然灾害损失的70%，每年造成经济损失约2 000多亿元。随着经济社会的快速发展，遭遇重大气象灾害的损失总量将会扩大。在2008年南方冰雪灾害中，气象就成了牵一发而动全身的关键，对农业、电力、运输、人民生活产生了严重影响。

联合国大会1961年通过决议，发起全球大气研究计划，并建立了世界天气监视网。目前该网仍是世界气象组织及其会员进行气象观测的基础。2005年，政府间国际组织——地球观测组织正式成立，是目前地球观测领域规模最大的国际组织。全球气候变暖使世界各地极端天气引发的自然灾害明显增多，造成重大人员伤亡和经济损失。通过全球综合观测，人类可获得有关天气、气候和水等方面的重要信息。掌握这些信息虽然无法阻止自然灾害的发生，但可以做到对灾害进行早期预警，提前防范，以及最大限度地减轻灾害所造成的影响。

链　接

全球变暖

世界气象组织发表的《2006全球气候状况》报告指出，2006年全球大部分地区气候持续变暖，极地冰层正在迅速融化。2007年2月1日，联合国政府间气候变化专门委员会专家预测，从现在开始到2100年，全球平均气温可能升高1.8～4℃，海平面可能升高18cm~59cm。科学界已记录到了南极洲和格陵兰岛冰原正在不断消失，并发现由于气候变暖，北极地区的结冰时间越来越短，过去基本在海冰上度过一生的北极熊开始逐渐向陆地转移。专家预测，如果北极附近的格陵兰地区冰层消失，那么全世界的海平面将上升7米，这对于一些国家和地区来说意味着"灭顶之灾"。

气象指数

随着科技的快速进步和人们生活水平的不断提高，"指数型"气象服务信息越来越丰富，为老百姓的衣食住行等日常生活提供了全方位的"气象导航"。

经常发布的城市环境气象指数共有11种，其中8种为全年发布，具体包括舒适度等级指数、晨练指数、紫外线指数、穿衣指数、感冒指数、空气污染指数、晾晒指数、洗车指数等；剩下的3种只在夏季发布，分别是城市火险指数、中暑指数和空调指数。

据介绍，除了为人们的日常生活提供日趋精细化的气象服务外，针对特殊行业，气象部门还制作了专业气象服务产品，例如旅游天气预报、电力服务天气预报、公路铁路交通服务天气预报、工程服务天气预报、仓储服务天气预报以及各种个性化服务天气预报。

世界防治结核病日
3月24日

每年的3月24日是"世界防治结核病日"。结核病属于慢性传染病，由结核杆菌引起，其中肺结核病最为常见。历史上，结核病曾与天花、鼠疫和霍乱等传染病一样，在全世界范围内广为流行。1882年3月24日，世界著名的德国科学家罗伯特·科赫在柏林宣布发现结核杆菌是导致结核病的病原菌。当时结核病正在欧洲和美洲猖獗流行，科赫氏发现了结核菌，为以后结核病研究和控制工作提供了重要的科学基础。随着医药进步和卫生条件的改善，结核病的流行得到有效控制，并在一些地区绝迹。但是自20世纪90年代以来，由于流动人口增加和不少国家对结核病忽视等多种因素影响，结核病又"死灰复燃"，再度在全球范围内流行。如今已成为所有传染病中的最大死亡原因。从1882年科赫氏发现了结核菌以来至少有2亿人被结核病夺去了生命。

在1982年纪念科赫氏发现结核菌100周年时，针对全球结核病疫情恶化情况，世界卫生组织（WHO）与国际防痨和肺病联合会（IUATLD）共同倡议将3月24日作为世界防治结核病日，以提醒公众加深对结核病的认识。世界卫生组织于1993年在英国伦敦召开的第46届世界卫生大会通过了"全球结核病紧急状态宣言"，

并积极宣传此病防治的重要。最近由于对全球结核病流行的重视，世界防治结核病日于1998年首次成为联合国重要的国际卫生事件，从而加强政府的承诺，动员公众支持在全球范围的结核病控制工作。

根据世界卫生组织2008年3月17日发布的年度报告，2006年全球新增920万个结核病例，有170万人死于结核病。非洲是全球结核病感染率最高的地区，而亚洲则是结核病患者最多的地区。许多国家缺少统一的结核病防治计划，许多病人不能得到彻底治疗，导致结核病复发并形成抗药性。而且，艾滋病与结核病的双重感染增加了结核病的治疗难度。此外，由于环境的破坏、贫困化、难民潮以及战争动乱等因素，全球范围内的结核病防治工作面临新的挑战。

世界戏剧日　3月27日

1961年，国际戏剧机构（ITI）将每年的3月27日设立为"世界戏剧日"，并从1962年开始庆祝。每年的这一天，国际戏剧社团在ITI中心庆祝。许多国家及国际戏剧活动都在这天举行同步庆祝。其中最重要的是透过ITI发出的邀请函传达"世界戏剧日的国际文化讯息"，由一位道德高超的知名人物，针对主题为"戏剧与和平的文化"，发表个人感言。

中国戏剧的产生已有800年历史，现在已经发展到300多个剧种，剧目更是难以数计。中国传统戏曲与希腊悲剧、印度梵剧并称为世界三大古老戏剧，希腊悲剧、印度梵剧在历史上都曾有过"断代期"，唯独中国戏曲一直绵延不绝。近年来，虽然政府一直大力推动戏剧的发展，但是，中国戏剧仍难以逃脱被边缘化的现实。当今时代，戏剧已经远离莎士比亚时代的辉煌，人们生活方式的改变，导致戏剧不再成为主流娱乐方式。电视、电脑的时代，文化的多元化不断挤压戏剧的发展空间。然而，戏剧艺术独特的审美性和文化精神，使其在多元化的文化格局中仍应存有一席之地。世界戏剧日庆祝活动的开展正是一个将戏剧艺术继续发扬和继承的良好时机。

愚人节　4月1日

　　愚人节也称万愚节，是西方民间传统节日，也是当今最独特有趣的一个节日。愚人节是4月1日，这一天人们以轻松娱乐为目的，编造各种或滑稽荒诞、或骇人听闻的谎言，互相欺骗取乐，而这一天也意味着一个人可以随意玩弄各种小把戏而不必承担后果，只需说一声"愚人节玩笑"，任何玩笑和恶作剧就都会被原谅。

　　愚人节已出现了几百年，对于它的起源众说纷纭。一种说法认为这一习俗源自印度的"诠俚节"。该节是每年的3月31日，节日当天，全国上下无论长幼尊卑，都可以互开玩笑、互相愚弄为乐。还有一种说法是，愚人节起源于法国。在中世纪时，多数基督教国家都使用儒略历，把3月25日到4月1日作为新年节期来庆祝，并在4月1日这天互赠礼物致贺新年。1564年，法国首先采用新改革的纪年法格里历（即目前通用的阳历），以1月1日为一年之始。但一些守旧人士旧俗难改，依然按照旧历固执地在4月1日这一天互送礼品，庆祝新年。但这个新年本身就是虚假的，主张改革的人对这些守旧者的做法大加嘲弄，同时更有聪明滑稽者在4月1日这天赠送给守旧人士虚假的礼物，邀请他们参加假的新年招待会——点心盒里面装的可能是石头，声称前去拜访，却让主人空等半天。上当的人不甘心，也照样回敬报复他们，久而久之，人们在4月1日互相愚弄，就成为法国流行的习俗。

关于愚人节的起源，还有一个著名的希腊神话传说。

农业女神德墨忒尔，在希腊是个妇孺皆知的神祇。她有着温和的态度、热情的笑容，她教会人们耕种，赐予大地生机，主管着世间万物的生长，是最受世人尊崇的女神之一。万神之王宙斯是她的弟弟，也是她的丈夫。她和宙斯的女儿珀尔塞福涅，聪慧美丽，德墨忒尔将其视为掌上明珠，百般怜爱。但爱与美的女神阿芙罗狄忒唆使儿子爱神厄罗斯向冥王哈迪斯射出情欲之箭，使冥王疯狂地爱上了珀尔塞福涅。哈迪斯找到宙斯，请求他将女儿嫁到冥府。宙斯明白德墨忒尔万万舍不得女儿，沉思着说："你也知道，德墨忒尔难缠得很。不过，你如果有本事把珀尔塞福涅抢走，我倒不反对。"得到了众神之王的暗示和默许，哈迪斯在西西里岛上将珀尔塞福涅掳回了地府。

德墨忒尔焦急万分地四处寻找女儿，而那些知道珀尔塞福涅下落的神灵们，畏惧宙斯和哈迪斯的权势，全都缄口不言。实在被德墨忒尔逼问急了，也是胡言乱语地指点一番。对女儿的爱，促使德墨忒尔无休无止地寻找下去，无论哪个神说了什么她都深信不疑。就这样，德墨忒尔走遍了世界上的每一个角落。无论黎明女神还是黑夜女神，都未见她坐下来休息片刻。但是，她的女儿仍然踪影全无。众神对她也逐渐由同情转为厌恶，他们越加拿她开起心来，忽而指向东南，忽而指向西北，无非是想把她支走，过几天太平日子。

最终德墨忒尔求助于普照一切、明察秋毫的太阳神赫利俄斯，请他指点迷津。赫利俄斯怜悯德墨忒尔的遭遇，便把哈迪斯抢亲的情况仔细地告诉了她。德墨忒尔恍然大悟，但为时已晚。此时，珀尔塞福涅在哈迪斯的威逼利诱下已经与他成亲，无法再返回世

间和母亲团聚。德墨忒尔痛失爱女，又得知自己一直在受众神的欺骗、愚弄，悲愤之下躲了起来，销声匿迹，不问世事。农业女神的离去让全世界的植物一起凋零，所有的庄稼全部枯死，大地一片荒芜，天下大乱，饿殍遍地，大量的亡魂涌入地府令哈迪斯手足无措，人间没有祭祀献给众神，也使宙斯焦头烂额。最终宙斯作出调停，哈迪斯同意珀尔塞福涅返回人间陪伴母亲，但每年必须有三个月在冥土居住。此后，每当德墨忒尔与女儿团聚，女神便喜笑颜开，世间也草木复苏，生机勃勃；而珀尔塞福涅留居冥土时，德墨忒尔便愁眉不展，大地也是一片萧条，这3个月就是人间的冬季。

很明显，在这个故事里，德墨忒尔不知道爱神的把戏，不知道丈夫和哈迪斯的同谋，事件发生后，她又被众神支得团团转，屡屡受骗上当，被人戏弄。此后，人们便设立了愚人节，用善意的谎言，告诫那些自以为聪明的人，不要由于轻信，干出贻笑大方的蠢事。

今天，愚人节已经发展成为一个国际性节日，成为全世界人们轻松享乐的一个契机。愚人节习俗也是以各种玩笑性的活动为主。愚人节时，人们常用水仙花和雏菊把房间装饰一新，黄水仙也成为愚人节的传统象征。典型的传统做法是布置假环境，可以把房间布置得像过圣诞节或过新年一样，待客人来时，则祝贺他们"圣诞快乐"或"新年快乐"，令人感到别致有趣。

愚人节时人们常常组织家庭聚会，聚会上还有一种做假菜的风俗。比如一个典型的愚人节菜谱：头道菜是"色拉"，莴苣叶上撒满了绿胡椒，但是把叶子揭开后，才发现下面原来是牡蛎鸡尾酒；第二道菜是"烤土豆"，而下面则是甜面包屑和鲜蘑菇；还有烧鸡是用蟹肉伪装的；甜点覆盆子冰淇淋埋藏在西红柿色拉的下

面。饭后，客人们还会兴致勃勃地从丸药盒里拿糖果吃。

不过愚人节最典型的习俗还是大家互相开玩笑，用善意的谎言捉弄对方。随着时间的推移，愚人节作弄人的手法，也是花样翻新，新意百出。有的人把细线拴着的钱包丢在大街上，自己在暗处拉着线的另一端，一旦有人捡起钱包，他们就出其不意地猛然把钱包拽走；还有人把砖头放在破帽子下面搁在马路当中，然后等着看谁来了会踢它；每逢愚人节这一天，动物园水族馆还会接到不少打给Fish(鱼)先生或Lion(狮子)先生的电话，常常惹得工作人员掐断电话线，以便减少麻烦；新婚的妻子可能会在这天收到告发丈夫不忠的信件；碌碌无为的公务员会接到调令通知他们升职；儿子会接到谎称父亲去世的电报……凡此种种，如果你都信以为真，就上了大当。当然，如果你真受了愚弄，也不必像德墨忒尔女神那样火冒三丈，最好拿出点"绅士"风度，一笑置之，才符合愚人节与人为善的真谛。

世界卫生日　4月7日

　　4月7日是"世界卫生日"。每年的这一天,世界各地的人们都要举行各种纪念活动,来强调健康对于劳动创造和幸福生活的重要性。

　　1946年7月22日,联合国经社理事会在纽约举行了一次国际卫生大会,60多个国家的代表签署了《世界卫生组织宪章》,并于1948年4月7日生效。为纪念组织宪章通过日,1948年6月,在日内瓦举行的联合国第一届世界卫生大会上正式成立世界卫生组织,并决定将每年的7月22日作为世界卫生日,倡议各国举行各种纪念活动。次年,第二届世界卫生大会考虑到每年7月份大部分国家的学校已放暑假,无法参加这一庆祝活动,便规定从1950年起将4月7日作为全球性的世界卫生日,并每年为世界卫生日选定一个与公共卫生领域相关的主题,突出世界卫生组织关注的重点领域。

世界帕金森病日　4月11日

　　4月11日是帕金森病的发现者——英国内科医生詹姆斯·帕金森博士的生日。为引起人们对这种疾病的重视，欧洲帕金森病联合会从1997年开始，将每年的4月11日定为"世界帕金森病日"，世界卫生组织（WHO）赞助并全力支持了世界帕金森病日及欧洲联合会纲领，目的是促使帕金森病患者、他们的家人、专业医疗人员共同努力，不仅让帕金森病家喻户晓，而且要提高公众的关注程度。世界各国纷纷在这天举办帕金森病主题活动。世界卫生组织还与一些国家政府部门、国际和地区医学团体合作，共同推动帕金森病的研究与治疗。

世界地球日　4月22日

　　地球是人类的共同家园，然而，随着科学技术的发展和经济规模的扩大，全球环境状况在过去30年里持续恶化。水土流失、土地沙漠化、淡水资源污染等严重地影响了人类社会的生活。此外，随着全球工业的不断发展，二氧化碳的过量排放使大气中温室气体的浓度不断增加，导致臭氧层被破坏，由此带来的全球气候异常变化正在成为直接威胁人类生存的世界性问题。

　　有资料表明：目前全球人口正以每年新增9 000多万人的幅度增长，世界人口到21世纪中期将达100亿。全球已有30%的土地因人类的活动遭致退化，每年流失土壤约240亿吨。全世界每年流入海洋的石油达1 000多万吨，重金属几百万吨，还有数不清的生活垃圾。水中的病菌和污染物每年会造成约2 500万人死亡。全球每年向大气中排放的二氧化碳约有230亿吨，与此同时空气中的颗粒物质、二氧化硫、一氧化碳、硫化氢等污染物也大量增加。全世界森林面积以每年约1 700万公顷的速度消失，平均每天有140种生物消亡等。自1860年有气象仪器观测记录以来，全球年平均温度升高了0.6℃。目前世界上约有40%的人口严重缺水，如果这一趋势得不到遏制，在30年内，全球55%以上的人口将面临水荒。自然环境的恶化也严重威胁着地球上的野生物种。如今全球12%的鸟类和1/4的哺乳动物濒临灭绝，而过度捕捞已导致 1/3

的鱼类资源枯竭。

所有这一切都在向人类发出警示：人类在破坏地球环境的同时，也在毁灭着自己。人类只有一个地球，尊重地球就是尊重生命，拯救地球就是拯救未来。

所以，1970年4月22日，美国举行了声势浩大的"地球日"活动，数十万群众参与集会，呼吁创造一个清洁、简单、和平的生活环境。

作为现代环保运动的开端，地球日活动推动了多个国家环境法规的建立。1990年4月22日，全球140多个国家、2亿多人同时在世界各地举行形式多样的环境保护宣传活动，呼吁改善全球整体环境。这项活动得到了联合国的肯定。此后，每年的4月22日被确定为"世界地球日"。

举办世界地球日活动的宗旨是为了唤起人类爱护地球、保护家园的意识，促进资源开发与环境保护的协调发展，"只有一个地球"始终是它的总主题。为了更好地保护地球，2005年第60届联合国大会通过决议，将2008年定为"国际地球年"。

从20世纪90年代起，中国在每年的4月22日都举办世界地球日宣传活动，并根据当年的情况确定活动主题。

地球是美丽的，复杂多变的气候、形态各异的地貌和多样性的生态系统，构成了千姿百态的壮美自然环境。人类在这样独特的星球上创造了无与伦比的文明。但如今全球气候变暖、高山上的积雪融化、美丽的小岛将被淹没。是自然在告诫人类：美丽的地球更需要精心保护，人类美好的未来必然是建立在更加适宜生存、生活和生产的自然环境基础之上的。虽然每年的4月22日全球各地都在举办形形色色的纪念地球日环保活动，但是爱护、保护全人类唯一的可生存空间——地球，绝不应是止于一朝一夕、

一举一动的象征性行为。地球日只能作为一种标志，在一年中的某一天提醒人们要记得，这个地球已经很脆弱。但是要想真正地保护地球，那就需要每一个人都能发自真心地爱它、保护它，让它免受伤害。停止对森林的滥伐，停止对耕地草地的侵占，减少二氧化碳等温室气体的排放，让地球母亲实现自然的循环，遵循可持续发展的规律。尽量少用塑料袋，重复利用纸张，甚至放弃乘车选择步行都是我们可以为地球做出的绵薄贡献。只有所有的人都能自觉约束自己，都愿竭心尽智地为保护地球而努力，我们的家园才会有希望，我们的明天才能越来越美好。

让我们把世界地球日作为我们关注生态环境、投身生态建设的新起点！

链　接

地球日之父

人类历史上的第一个地球日，是1970年4月22日由美国哈佛大学法学院的一个刚满25岁的学生——丹尼斯·海斯在校园发起和组织的。他在今天被誉为"地球日之父"。

第一个地球日活动之后，海斯先后到史密森尼恩研究所和伊利诺州政府任职，研究制定有关能源方面的政策。以后又得到美国当时的能源部长施莱辛格的赞赏，担任了由能源部经办的太阳能研究所的所长。他一直致力于环保活动。

世界地球日诞生背景

美国的1970年正是个多事之秋，光纤织物被发明了出来，"阿波罗13号"的悲剧导致登月计划失败，在南卡罗来纳州萨瓦那河附近一家核工厂发生泄露事故。人们终日呼吸着豪华轿车的含铅尾气，工厂肆无忌惮地排放着浓烟和污水，却从不担心会被起诉或者是受到舆论的谴责，"环保人士"凤毛麟角。正是在这样的背景下，首次地球日取得了极大的成功。鉴于公众对环境保护的关心，美国国会在地球日这一天休会，近40名参众议员分别在当地集会上讲话。伦特·杜贝斯、保罗·埃利希以及拉尔夫·纳德等美国的名流发表了演讲，阐明集会的重要意义。据统计，这一天全美有2 000多万人、1万所中小学、2 000所高等院校和2 000个社区以及各大团体参加了地球日活动。人们举行集会、游行和其他多种形式的宣传活动，高举着受污染的地球模型、巨幅画和图表，高呼口号，要求政府采取措施保护环境。

随之，各国的政府环保部门和民间环保组织纷纷成立，地球日成为多个国家共同的环保纪念日。1990年4月22日，地球日成为第一个国际地球日，全球有141个国家、2亿人参与，成千上万的各项活动在各地展开。参与团体举办座谈会、游行、文化表演、清洁环境等活动来倡导地球日精神。人们身穿蓝绿两色服装开展了捡拾废纸和塑料袋、严禁随地倒垃圾的活动。目的是提醒每一位地球居民都为捍卫地球环境、改善地球环境做出贡献。身穿蓝绿两色服装是表示为捍卫地球环境而行动的决心。

世界读书日　4月23日

　　4月23日是"世界读书日"，全称"世界图书和版权日"，又译"世界图书日"。每年的这一天世界各地纷纷举办各种活动鼓励阅读。

　　这个节日最初的创意来自于国际出版商协会。1972年，联合国教科文组织向全世界发出了"走向阅读社会"的召唤，要求社会成员人人读书，使图书成为生活的必需品，让读书成为每个人日常生活不可或缺的一部分。

　　1995年，国际出版商协会在第25届全球大会上提出世界图书日的设想，并由西班牙政府将方案提交联合国教科文组织。后来，俄罗斯认为，世界图书日还应当增加版权的概念。于是，1995年10月25日—11月16日召开的联合国教科文组织第28次大会通过决议，正式确定每年4月23日为世界图书与版权日，并呼吁："希望散居在全球各地的人们，无论年老还是年轻，无论贫穷还是富有，无论患病还是健康，都能享受阅读的乐趣，都能尊重和感谢为人类文明做出巨大贡献的文学、文化、科学思想大师们，都能保护知识产权。"

　　选择这一天作为世界读书日，是因为这一日在世界文学领域具有特殊意义。世界文学巨匠塞万提斯和加西拉索·德·拉·维加都是在1616年4月23日逝世的。此外，许多著名作家包括莫里斯·德

吕翁、弗拉基米尔·纳博和曼努埃尔·梅希亚·瓦列霍等也都是在这一日出生或辞世。

自1995年以来，这个独树一帜、墨香洋溢的节日声誉日隆，受到全世界人民的关注和欢迎，其宗旨和意义也逐渐深入人心。以节日的形式，让人们向那种健康、高尚、纯粹的生活方式回归，向那些为人类开拓了自由、丰富的精神世界的伟人致敬。这是真情的呼唤，这是深沉的缅怀。不论肤色、无分国别，人们在这个节日里表达对人类文明发展的信心和希望。在这一世界潮流之中，我们的热情也日趋高涨——多读书、读好书，正成为今天我们全社会的共识与需求，一股股清新的读书之风正扑面而来。

在人类文明的历史上，书籍的发明和使用是一座巍峨的里程碑。书是人类进步的阶梯，一本本书的铺垫构成了人类向更高阶段攀登的基础。书是人类的记忆，告诉我们是谁、做了什么以及其中的荣辱得失。每一次焚书都是对人类犯下的不可饶恕的罪过，而那些焚书者也被人们永远地钉在了历史的耻辱柱上。虽然野蛮的战火可以一次次将书烧成灰烬，但却丝毫不曾毁灭人类对书的珍爱以及贮藏其间的永恒价值。

作为千年文明古国，我们的伟大传统之一就是以读书为尊为贵。文化的血脉、思想的精髓、国家的传统……都在读书中绵延不绝，久传于世。读书的传统早已沉淀在民族性格的深处。凿壁偷光、悬梁刺股、囊萤映雪……一个个动人故事形象地体现出中华民族对读书的酷爱。

当今时代，信息爆炸，潮涌而来，种种现代传播媒体在拓展人们视野的同时，亦在挤占人们读书的时间。尤令人关切者，社会浮躁之风、快餐文化等诸种不利因素，也阻碍了全民阅读的展开与深入。近年来，一些社会调查所显示的国民阅读率的下降，

正说明重申并弘扬读书传统的重要性和紧迫性。

世界读书日只有一天，但它的意义在于使每一天都成为"读书日"。身在热爱读书的国度，我们更应该在每一天享受读书带来的进步和乐趣。愿每一个人爱读书、多读书、读好书。让书——这积累了人类无穷智慧和想象力的传承媒体，给予我们更多情感的交集。让我们现在就开始拿起手边搁置已久的这或厚或薄的动力源泉开始阅读吧，不仅仅是在4月23日。因为，读书，是一项个性化的体验，其中的美妙，非亲历而不能知。

链　接

世界读书日源于"英雄救美"传说

联合国教科文组织选择4月23日作为世界读书日的灵感来自于一个美丽的传说。4月23日是西班牙加泰罗尼亚地区大众节日"圣乔治节"。传说中勇士乔治屠龙救公主，并获得了公主回赠的礼物——一本书，象征着知识与力量。每到这一天，加泰罗尼亚的妇女们就赠送给丈夫或男朋友一本书，男人们则会回赠一枝玫瑰花。实际上，同一天也是大文豪莎士比亚出生和去世的纪念日，还是拉克斯内斯等多位文学家的生日，所以这一天成为全球性读书日看来"名正言顺"。

我国读书情况调查

中国出版科学研究所2006年完成的第四次国民阅读调查显示，6年来，国民图书阅读率持续走低，已从1999年的60.4%下

降到2005年的48.7%，有1/4的读书人读书时间在减少，其中城市居民阅读率的下降更甚于农村居民。调查显示，由于"工作需要"而读书的由1999年的15.9%增长到2005年的33.5%，把"增加知识、开阔眼界"当成读书目的的，由48.4%增长到68.9%。据统计，在我国识字者图书阅读总体中，平均每人每年阅读图书仅为4.5本；而全世界平均每人每年读书最多的民族是犹太民族，为64本；平均每人每年读书最多的国家是俄罗斯，为55本；美国现在正在开展平均每人每年读书50本的计划。

其他国家读书情况

法国

2004年，24%的法国人读了12本书，55%以上的人读书1至12本。以人口计算,平均每人读书11本。

日本

2005年，日本读卖新闻社对全国的读书情况作了一次调查，结果如下：每天读书1个小时的占14%，读书半个小时的占19%，读书20分钟的占10%，读书10分钟的占9%，不读书的占27%。

联合国教科文组织

联合国教育、科学及文化组织 (United Nations Educational, Scientific and Cultural Organization，UNESCO) 属联合国专门机构，简称联合国教科文组织。1945年11月16日在伦敦通过《联合国教育、科学及文化组织法》。1946年11月4日在巴黎宣告正式成立。"通过教育、科学及文化促进各国间合作，对和平与安全做出

贡献，以增进对正义、法治及联合国宪章所确认之世界人民不分种族、性别、语言或宗教均享人权与基本自由之普遍尊重。"会员国188个，准会员5个（1999年11月）。大会为该组织最高权力机构，每两年开会一次，决定该组织的政策、计划和预算。

读书格言

☆书是人类进步的阶梯。——高尔基

☆好书是伟大心灵的宝贵血脉。——弥尔顿

☆不去读书就没有真正的教养，同时也不可能有什么鉴别力。——赫尔岑

☆一本书像一艘船，带领我们从狭隘的地方，驶向生活的无限广阔的海洋。——凯勒

☆没有书籍，就不能打赢思想之战，正如没有舰就不能打赢海战一样。——罗斯福

☆评价一座城市，要看它拥有多少书店。——鲁宾斯坦

☆没有书籍的屋子，就像没有灵魂的躯体。——西塞罗

☆书籍的唯一真正用处，是使人能自己去思考，如果有不能引人思考的书，便不值得占书架一席之地。——拜耶

☆读书是在别人思想的帮助下，建立起自己的思想。——巴金

☆书读得越多而不加思索，你就会觉得你知道得很多；但当你读书而思考越多的时候，就会清楚地看到，你知道的很少。——伏尔泰

☆经验丰富的人读书用两只眼睛，一只眼睛看字面上的话，另一只眼睛看到书中的寓意。——歌德

国际秘书节
4月的最后一个星期三

　　每年4月的最后一个星期三是"国际秘书节"，是由国际专业秘书协会在1952年订立的。为肯定秘书工作在职场上的贡献，并鼓励年轻人投入此专业生涯发展，1952年经两位资深秘书提议，美国宣布设立秘书周和秘书日。1955年，正式将秘书周定在每年4月份最后一个完整的星期，而4月的最后一个星期三就是秘书节。之后，许多国家都引进了这个节日，

　　秘书节庆祝的方式是多种多样的。例如这一天老板给秘书们放假，或是送一些礼物和鲜花来表达谢意与理解，还有的老板邀请秘书为座上客，让从来都是席间应酬的秘书成为餐桌上的主角。此外表彰也是个不错的选择，在节日里评选出最佳秘书。例如新加坡每两年选一次"最专业秘书"，表彰最具专业精神、工作效率高和有杰出表现的秘书，而评选中老板的票很重要。还有些常见的如举办各种形式的聚会或者联谊会来庆祝节日。

　　这一天不但是秘书获得殊荣与奖励的时间，也是秘书们可以畅快发泄对老板不满的一天。其间的一些趣闻也颇具戏剧性。1992年，"美国平等就业妇女联盟"根据上百名秘书的陈述，评选出当年度的"最坏老板奖"。"最坏老板"头等奖由一家食品供销

中心的负责人获得。这个公司的黛博拉·珀金斯小姐除了担任会计工作外，还得充当活闹钟，每天早晨到办公室隔壁的公寓里把老板夫妇从床上叫醒。珀金斯小姐觉得这份工作和老板夫妇的德性使她难以忍受。

随着国际化的潮流，秘书节也渐渐走进中国秘书们的视野和生活中。最初只是在外企中悄然流行，近年来随着民间力量及组织的致力推广和商业行为的推波助澜，秘书节也越来越成为一种时尚，很多本土公司开始为秘书们过节。也有不少秘书收到来自老板和同事的祝福及礼物，汉口的一家公司为秘书们过秘书节是他们企业的一大传统，每到这一天秘书们都会聚集在一起召开一个由公司老总举办的"慰问会"，秘书们无一例外地会收到同事们的慰问信，以及体贴下属的老板送上的贺卡、相框等小礼物。一份关怀与尊重令秘书们感激与开心。

世界知识产权日
4月26日

根据中华人民共和国和阿尔及利亚在1999年的提案，世界知识产权组织在2000年召开的第35届成员大会上通过决议，从2001年起，将每年的4月26日定为"世界知识产权日"。4月26日是《建立世界知识产权组织公约》（1970年）生效的日期。设立世界知识产权日是为了在全世界范围内树立尊重知识、崇尚科学和保护知识产权的意识，营造鼓励知识创新和保护知识产权的法律环境。

链　接

世界知识产权组织

世界知识产权组织（WIPO）是联合国组织系统的专门机构之一，1967年正式建立，1970年生效，总部设在日内瓦。它是专门负责管理和协调世界各国知识产权工作的组织机构，主要是维护和加强对知识产权的尊重，鼓励发明创造活动，推动技术的转移和文学艺术作品的传播，加强各国间的合作与发展，我国于

1980年正式加入世界知识产权组织。

知识产权

　　知识产权是一种无形财产权，是从事智力创造性活动取得成果后依法享有的权利。通常分为两部分，即"工业产权"和"版权（在我国称为著作权）"。1967年在斯德哥尔摩签订的《建立世界知识产权组织公约》规定，知识产权包括：文学、艺术和科学作品；表演艺术家的表演及唱片和广播节目；人类一切活动领域的发明；科学发现；工业品外观设计；商标、服务标记以及商业名称和标志；制止不正当竞争以及在工业、科学、文学或艺术领域内由于智力活动而产生的一切其他权利。总之，知识产权涉及人类一切智力创造的成果。

世界知识产权日历年主题

2001年：今天创造未来

2002年：鼓励创新

2003年：知识产权与我们息息相关

2004年：尊重知识产权，维护市场秩序

2005年：思考、想象、创造

2006年：知识产权——始于构思

2007年：鼓励创造

2008年：尊重知识产权和赞美创新

2009年：绿色创新

2010年：创新——将全世界联系在一起

国际劳动节　5月1日

　　国际劳动节又称"五一国际劳动节""国际示威游行日"，是世界上大多数国家的劳动节。定在每年的5月1日。它是全世界无产阶级、劳动人民共同拥有的节日。

　　1886年5月1日，美国芝加哥等地工人举行大罢工和游行示威，要求实行8小时工作制、改善劳动条件。19世纪80年代，随着资本主义进入垄断阶段，美国无产阶级的队伍迅速壮大，出现了波澜壮阔的工人运动。当时美国资产阶级为了进行资本积累，对工人阶级进行残酷的剥削压榨，他们用各种手段迫使工人每天从事长达12～16小时的劳动，有的甚至长达18个小时，但工资却很低。马萨诸塞州一个鞋厂的监工曾经说过这样的话："让一个身强力壮体格健全的18岁小伙子，在这里的任何一架机器旁边工作，我能够使他在22岁时头发变成灰白。"沉重的阶级压迫激起了无产者巨大的愤怒。他们知道，要争取生存的条件，就只有团结起来，通过罢工运动与资本家作斗争。工人们提出的罢工口号，就是要求实行8小时工作制。芝加哥工人不畏强暴，团结战斗，经过艰苦的流血斗争，终于迫使资本家接受了工人的要求。1889年在恩格斯组织召开的第二国际成立大会上，决定把5月1日定为国际劳动节。从此以后，全世界劳动者有了自己的节日。每逢5月1日，世界各地的劳动者都会以自己的方式纪念自己的节日。

新中国成立以后，于1949年12月将5月1日定为法定的劳动节。每年的这一天，全国放假一天举国欢庆，人们换上节日的盛装，兴高采烈地聚集在公园、剧院、广场，参加各种庆祝集会或文体娱乐活动，并对有突出贡献的劳动者进行表彰。现在的五一劳动节在中国更是具有与国庆节、传统春节同样重要的地位，一度成为人们拥有长假进行集中休息娱乐旅游等的节日。

世界各国庆祝劳动节的日期和方式也都各具特色，别有风趣。

英国、法国等国家都将"五一"确定为劳动节，放假一天。

还有的国家则根据情况将公共假期放在5月的第一个星期一。

和世界大多数国家不太一样的是，意大利尽管承认五一国际劳动节，政府也表示尊重劳工，但一般人并不举行专门的庆祝活动，也没有全国性的"五一"假期。

自国际上设立劳动节以来，俄罗斯一直重视这个特别的节日。"五一"这天，俄罗斯全国放假，并举行各种庆祝活动及群众性游行。游行、集会、娱乐一个都不少。过去，上述活动主要是由政府组织，游行队伍中包括各企业、机关的代表。现在，除政府统筹的庆祝活动外，各种不同政见的非政府组织、劳工团体，都会在这一天自发举行各种庆祝活动，既可以借这个机会充分阐述各自的政见，又能扩大本组织的影响。一般来说，"五一"游行的队伍要先穿过城市的主要街道、广场，最后在古老的或者宽阔的中心广场举行大型集会和庆典。同时，俄罗斯各地的各种俱乐部还会举行内容丰富、色彩缤纷的娱乐活动，人们的节日情绪很高。

劳动节起源于美国，但特殊的是，美国政府后来在设立劳动节时，自行规定每年9月的第一个星期一为劳动节，即所谓的"Labor Day"，直译应该是"工人节"或"劳工节"。每逢劳动节，美国人可以放假一天，全美各地的民众一般都会举行游行、集会等各种庆祝活动，以示对劳工的尊重。在一些州，人们在游行之后还要举办野餐会，热闹地吃喝、唱歌、跳舞。入夜，有的地方还会放焰火。

同为北美国家，加拿大与美国一样也是在每年9月的第一个星期一庆祝劳动节。在渥太华、多伦多等城市，每年劳动节时都会举行游行和集会，以此表彰工会组织下的工人对加拿大社会所做出的贡献。另外，对大多数加拿大人来说，这个9月的劳动节标志着夏天的结束。一般情况下，家长们会利用劳动节的假期给孩子买新学期的学习用品，商家也往往借机促销文具。

日本是一个节日比较多的国家，5月1日前后的节日很多，4月29日植树节、5月3日宪法纪念日、4日国民假日、5日儿童节，这些假日连起来，一般日本人至少有一周休息时间，最长的甚至达11天。日本全国的许多饭店、温泉等娱乐设施，纷纷在"五一"前打出各种广告招揽游客，即使是普通旅馆的房间价格也要比平时提高一倍以上。

泰国于1932年首次颁布劳工条例，随后将每年的5月1日确定为国家的劳动节，以此嘉奖辛勤工作的劳动者。这一天，泰国全国统一放假一天，在首都以及一些大城市会有相关的庆祝活动，不过规模一般都不会太大。

国际红十字日　5月8日

　　第一次世界大战给世界人民带来了巨大的痛苦。战后，捷克斯洛伐克红十字会首先倡议每年举行为期3天的"红十字休战日"活动，弘扬红十字会的人道思想，同时结合红十字会业务开展全国性的卫生、救济、儿童福利等方面的宣传活动。捷克斯洛伐克红十字会的这一倡议和做法受到了国际红十字界的普遍赞赏和支持。

　　1921年，在瑞士日内瓦召开的第10届国际红十字大会通过决议，向各国红十字会推荐捷克斯洛伐克红十字会组织"红十字休战日"的做法。此后的第11届国际红十字大会再次审议了这个问题，建议在全世界范围内规定一天为"红十字日"。

　　1948年，红十字会协会在召开的执委会会议上正式建议，以国际红十字组织创始人亨利·杜南的生日5月8日作为国际红十字日。同年，红十字会协会第20次理事会会议批准了执委会的建议，正式确定每年的5月8日为"国际红十字日"。

　　从1962年开始，国际红十字日每年都有一个主题，以便国际社会能围绕主题开展活动。

　　中国红十字会成立于1904年，是红十字会与红新月会国际联合会的成员。第8届国际红十字大会承认中国红十字会是中国唯一合法的全国性红十字会，中国红十字会因而成为新中国在国际组织中第一个恢复合法席位的团体。多年来，中国红十字会一直

从事救灾、群众性卫生救护、扶贫济困等活动，并积极参加人道主义救援活动。目前，全国各省、自治区、直辖市全部建立了红十字会，会员2 100万人。

链　接

红十字会与亨利·杜南

在瑞士苏黎世某处的苍松翠柏间，耸立着一座白色的大理石纪念碑，碑上正面的浮雕是一位白衣战士，他正跪下给一个濒临死亡的伤兵喂水；碑的背面刻着几行字：琼·亨利·杜南，1828－1910，红十字会创始人。

亨利·杜南 (Henry Dunant) 于1828年5月8日出生于瑞士日内瓦，是一位议员的儿子。从小受人道主义思想的熏陶，十分关心老弱病残和社会底层的穷苦人。1859年6月的一天，这位年轻的银行家偶经意大利北方的索弗利诺镇，恰逢拿破仑三世指挥的法兰西——撒丁岛联军与奥地利军队战斗的最后阶段，他亲眼目睹尸横遍野的战场上，无数的伤员在不停地呻吟、叫喊。由于缺少医护人员，大部分伤兵得不到应有的护理。杜南立即到镇上动员和组织居民救护这些伤兵。1862年11月，杜南把这次亲身经历写成《索弗利诺的回忆》一书，在日内瓦发表。他在书中强烈呼吁人类不要战争，在战时有必要不分你我，向敌对双方派出救护团体。1863年2月，由他发起在瑞士日内瓦成立了一个伤兵救护国际委员会，即红十字国际委员会。同年10月，欧洲16国的代表在日内瓦举行国际会议，决定在各国成立红十字组织。为表示对杜南和他的祖国的敬意，会议决定以瑞士国旗图案红底白十字相

反的颜色与图案——白底红十字作为红十字会的通用标志。

1864 年 8 月，红十字会在日内瓦再次举行会议，签署了第一个《改善战地武装部队伤者病者境遇之日内瓦公约》，即红十字会公约。从此，红十字会正式得到国际公约的承认和保护。由于宗教和历史等原因，一些伊斯兰国家类似的组织采用红新月作为标志。

红十字会或红新月会都是同一性质的志愿的救护、救济团体，在世界上被认为是一个超越国界、超越时空的非政治、非宗教的人道主义团体。初创时目的只是在战时照顾伤员，后来成为一般地预防灾难、救济难民的机构。世界上的许多国家都成立了红十字会或红新月会。在国际上，它们的联合组织是红十字会与红新月会协会。

亨利·杜南开创的红十字事业为人类和平与进步做出了杰出的贡献。然而他却为此耗尽了自己的资财，沦为老人济贫院的病人。1896 年当人们在济贫院发现他，并了解他是国际红十字组织奠基者的身世后，把世界上最崇高的荣誉赐予了这位慈爱的老人。1901 年杜南获得了首次颁发的诺贝尔和平奖。1910 年 10 月 30 日杜南离开了人世。

红十字会标志及其使用

1949 年签订的《日内瓦公约》，正式承认三种战地救护识别标志，即红十字、红新月、红狮与太阳。1982 年，红狮与太阳标准被取消。武装部队医疗部门在战地服务过程中，使用这类标志表明所属的医疗器材、人员、车辆、船只、飞行器、房舍等，都受到《日内瓦公约》的保护，不得随意攻击。

《日内瓦公约》明文指出红十字标志系掉转瑞士国旗的颜色

而成，与宗教迷信没有任何联系。该标志的大小、比例并没有严格的规定，只要两条红色长方条成垂直相交，中心至各端的长短相等就行了。

目前，在红十字会与红新月会国标联合会协会的144个成员中，使用红十字标志的有119个，使用红新月标志的有24个，前苏联是同时使用两种标志的唯一红十字组织。

红十字标志的使用，首先是军事当局的权限，特别是武装部队医疗部门的权限。据此，红十字标志的使用，一般应由有关军事当局授权，不得使用于以营利为目的的商业活动。在战时，这种授权特别给予从事救护伤病员的军队医疗队，即它的人员在战地救护过程中可以佩戴红十字臂章；它的救护车、医院船、医疗飞机、医院等可以悬挂红十字旗帜；它的医疗器材可以贴上红十字标志等等。交战双方应按公约给予保护，不得有违。但是，这些人员、器材、设施、机构等，一旦不再为战地伤病员服务，就不再受公约的保护；医院、救护车等如用于掩护或运送作战部队，那就构成违犯公约的行为了。

国际红十字日历年主题

1986：捐献血液、拯救生命

1987：保护儿童生命

1988：发展

1989：保护人类生命

1990：保护人类生命和人类尊严

1991：保护战争受害者

1992：人道——团结起来共御灾害

1993：人人享有尊严

1994：人人享有尊严，关心儿童

1995：人人享有尊严，尊重妇女

1996：结合备灾救灾人道救助

1997：集善款做善事博爱助人

1998：集善款做善事博爱助人

1999：人道的力量

2000：人道的力量，迎接新世纪

2001：捐献骨髓，关爱生命，展示人道力量

2002：红十字在行动——关爱生命

2003：办实事、庆百年——红十字在行动

2004：停止歧视

2005：自救互救——红十字在行动

2006：健康援助进农家——红十字在行动

2007：携手为人道

2008：汇聚人道力量，共建和谐社会

2009：坚持以人为本，大力弘扬"人道、博爱、奉献"精神，求真务实，开拓创新

2010：携手人道，服务世博，共建和谐

母亲节
5月的第二个星期日

在欧美等国家，每年5月的第二个星期日是母亲节。它是为歌颂世间伟大的母亲，纪念母亲的恩情，发扬孝敬母亲的道德而设立的。

母亲节的起源可以追溯到古希腊时期，这一天原是古希腊人向天后赫拉献祭的日子。赫拉是希腊神话中众神之王宙斯的妻子，在奥林匹斯山的地位仅次于她的丈夫，主管婚姻和家庭，是妇女的保护神，被尊为众神之母。到古罗马时，庆祝规模变得更大，活动盛况可以持续长达三天之久。至17世纪中叶，母亲节流传到英国。英国人把母亲节定在封斋期的第四个星期天，在这天，儿女都将返回家中探视母亲，给母亲献上表示自己心意的礼物。

现代意义上的母亲节起源于美国，由安娜·贾维斯（Anna Jarvis，1864—1948）发起。据记载，安娜·贾维斯的母亲——贾维斯夫人，在美国南北战争结束以后，曾在当时的西弗吉亚州嘉鞭顿城以美教会担任主日学校的总监。她在礼拜教堂讲述过许多在战争中捐躯的英雄故事，并因这些故事而感慨万千，由此产生了一个强烈的愿望。她认为，应该设立一个纪念日，慰藉那些痛失爱子的母亲们。因此，她积极建议创立一个母亲节，以赞扬全

世界的母亲。

　　1905年，安娜41岁时，她的母亲与世长辞，她十分悲痛。为了纪念母亲，提倡孝道，她立志要实现母亲的遗愿——创立母亲节。安娜认为子女经常忽视对母亲的感情，她希望母亲节能够让人多想一想母亲为家庭所付出的一切。她首先向费城市长提出自己的设想，同时致函给各社会名流、教会机构及社会团体，并获得了各方面的良好反应和热烈支持。第一次母亲节纪念仪式于1908年5月10日在美国西弗吉尼亚州和宾夕法尼亚州正式举行。安娜亲自在教堂中安排仪式，组织活动，同时要求前来参加者胸前要佩戴白色康乃馨。这一活动引起了许多人的关注，翌年便有更多的教堂纷纷组织同样的活动。1911年，庆祝母亲节的活动已经开展得非常广泛，不仅席卷美利坚合众国的每一个州，而且连加拿大、墨西哥和南美的一些国家也都开始庆祝这个节日。美国人还把宣传母亲节的传单用十种不同文字印发到各国去，以便扩大影响。此后几年中，庆祝母亲节运动的风气愈演愈烈。1912年，美国专门成立了母亲节国际协会。1913年5月，美国众议院一致通过决议，号召总统以及内阁、参众两院和联邦政府的一切官员一律在母亲节佩戴白色康乃馨。1914年，美国国会正式命名5月的第二个星期日为母亲节，并要求总统发布宣言，号召政府官员在这一天里于所有的公共建筑物上悬挂国旗。紧接着，威尔逊总统昭告全国，要求公民在自己的住宅上悬挂国旗，以表达对美国全体母亲的热爱和尊敬。此后美利坚合众国总统每年都要发表一篇内容相仿的宣言。

　　母亲节创立后，得到了全世界各国人民的支持。安娜·贾维斯在世时，设立母亲节的国家已达43个。时至今日，欢庆这个节日的国家就更多了。母亲节，已经成了一个名副其实的国际性节

日。按惯例，"国际母亲节"被定在每年的5月11日举行，但也有一些国家在其他时间庆祝属于他们的母亲节，不过母亲节的孝亲含义却是大体相同的。

母亲节这一天，人们总要想方设法使母亲愉快地度过节日，感谢和补偿她们一年的辛勤劳动。最普遍的方式就是向母亲赠送母亲节贺卡和礼物。节日里，每个母亲都会满怀喜悦，接受孩子们和丈夫赠送的花束、糖果或其他礼物，并为此感到自豪和欣慰。而最珍贵、最优厚的礼物还是把她们从日常的家务劳动中解放出来，轻松地休息一整天，这一天，许多家庭都由丈夫和孩子们把全部家务活包下来。不少家庭还有侍候母亲在床上吃早饭的惯例。

康乃馨，又名香石竹，因母亲节而闻名于世，这得益于世界上首枚母亲节邮票。1934年5月2日美国发行了世界上第一枚母亲节邮票，邮票采用的图案，是惠斯勒的一幅名画——《画家的母亲》。邮票上一位慈祥的母亲，双手放在膝上，欣喜地看着前面的花瓶中一束鲜艳美丽的康乃馨。邮票的传播将康乃馨与母亲节联系起来，人们也就约定俗成地把康乃馨定为母亲节的节花。每当母亲节这一天，母亲健在的人佩戴红色康乃馨，并制成花束送给母亲。而已丧母的人，则佩戴白色康乃馨，以表示哀思。康乃馨因母亲节而蒙上一层慈母之爱的色彩，成为献给母亲不可缺少的礼物。

除了世界通行庆祝的母亲节外，一些国家还都有着自己的母亲节时间和相关习俗。

挪威的母亲节定于2月的第二个星期日；阿根廷则在10月的第二个星期日庆祝母亲节；黎巴嫩人在春天的第一天庆祝母亲节；在南非母亲节定于5月的第一个星期日；西班牙与葡萄牙的母亲

节则与教会有密切的关系，12月8号是纪念圣母玛利亚的日子，同时也是孩子们表达对母亲的爱的节日；在巴拿马把母亲节也叫圣灵怀胎日，大意是为了让巴拿马人重视家庭、敬重母亲，所以在1924年5月11日，巴拿马设立了第一个母亲节，现在母亲节已经是巴拿马的法定假日。

塞尔维亚人于每年圣诞节的前两个礼拜庆祝母亲节。庆祝的习俗是：小孩子们在母亲节的清晨溜进母亲房间，将母亲绑在床上，母亲醒来时发现自己被五花大绑，便哀求孩子们放开她，并以她预先藏在枕头下的小礼物作为交换。

瑞典在5月的最后一个星期日庆祝母亲节。母亲节前夕，瑞典红十字会通常会举办塑料制的母亲花的义卖，义卖所得将作为赞助育有许多小孩的母亲的度假经费。

每年3月的最后一个星期五是埃及的母亲节。这一天，全国各地的青少年都要给母亲赠送鲜花和礼物，为母亲举办音乐会和文娱演出，并评选出全国最理想的母亲。

每年5月29日，中非共和国要隆重庆祝传统的妈妈节。这天，妈妈们身着盛装，怀抱孩子在首都班吉市举行盛大游行。国家领导人和政府官员也要参加她们节日的活动，使节日更加隆重热烈。

法国母亲节这天，全国各地的妈妈都怀着喜悦的心情接受孩子们"节日愉快"的美好祝愿。法国首次庆祝母亲节是1928年，当时的法国总统为此颁布了一项法令：母亲节是国家的正式节日。法国人的母亲节更像是一个为全家人举行的生日会。法国母亲节定在5月的最后一个星期日，全家人聚在一起享用晚餐，餐毕端出一个为母亲而做的蛋糕。

每年的8月12日是泰国的母亲节。节日期间，全国最有意义

的活动是"评选优秀母亲",然后,成千上万的女儿手持洁白的茉莉花作为"母亲之花"敬献给母亲,以表达感激之情。

加拿大的母亲节也是每年5月的第二个星期日。在这天,家庭成员除向母亲送礼物外,还要做各种让母亲欢喜的事情,以表示敬爱之情。

瑞士1月1日至4日为"妇女掌权日"。在这4天里,家庭一切大权由妇女掌管,男人甘愿听从摆布,以示对妇女的尊重。

希腊每年的1月8日是英诺克莱西亚镇的"妇女接管日"。这一天,妇女接管镇上的领导权,而男人们则代替她们呆在家里干家务活。希腊每年逢除夕的第二天还是"主妇休息日",在这一天妇女们丢下家务,尽情吃喝玩乐。

在德国,每年的狂欢节里,另有妇女们的专门活动——"女人节"。这天,妇女们冲进市政大厅,闯入办公室,坐上办公桌,以表示妇女接替政权。

墨西哥每年的12月12日是"圣母节",是为了纪念一位心地善良、乐于救人的圣母。这天,人们身穿民族服装,高举圣母像,在老人的带领下载歌载舞。

国际护士节　5月12日

　　5月12日的国际护士节是全世界护士的共同节日，这是为了纪念近代护理事业的创始人和现代护理教育奠基人——英国护士弗洛伦斯·南丁格尔而设立的。

　　1912年，国际护士理事会将南丁格尔的诞生日——5月12日定为国际护士节，旨在激励广大护士继承和发扬护理事业的光荣传统、以"爱心、耐心、细心、责任心"对待每一位病人、做好护理工作。最初称"医院日"，也称"南丁格尔日"，在中国称为"国际护士节"。在这天里，大力宣传护理工作，鼓励护士们学习救死扶伤的人道主义精神，已经成为世界各国护理界的一件盛事。

链　接

南丁格尔奖

　　1912年，红十字国际委员会决定，每两年颁发一次南丁格尔奖章和奖状，作为对各国护士的国际最高荣誉奖。奖章可颁发给男女护士和男女志愿护理工作人员中在平时或战时做出如下突出成绩者："具有非凡的勇气和献身精神，致力于救护伤病员、残疾人或战争灾害的受害者；如有望获得奖章的人在实际工作中牺牲，

可以追授奖章。"

南丁格尔奖章是镀银的。正面有弗洛伦斯·南丁格尔肖像及"纪念弗洛伦斯·南丁格尔，1820-1910"的字样。反面周圈刻有"永志人道慈悲之真谛"，中间刻上奖章持有者的姓名和颁奖日期，由红白相间的绶带将奖章与中央饰有红十字的荣誉牌连接在一起。同奖章一道颁发的还有一张羊皮纸印制的证书。

弗洛伦斯·南丁格尔

弗洛伦斯·南丁格尔 (Florence Nightingale) 1820 年 5 月 12 日出生于意大利佛罗伦萨一个富裕家庭，后随父母迁居英国。1850 年，她不顾家人反对，前往德国学习护理。

1854 年至 1856 年间的克里米亚战争中，英法联军与沙俄发生激战。在英国一家医院任护士主任的南丁格尔，带领 38 名护士奔走前线，参加护理伤病员的工作。因当时医疗管理混乱，护理质量很差，伤病员死亡率高达 50%。于是，南丁格尔就潜心改造病室的卫生条件，并加强护理，增加营养，被战地士兵称为"提灯女神"。半年之后，伤病员死亡率下降到 2.2%。这一事迹传遍全欧。

1860 年，她在英国伦敦圣托马斯医院创办了世界上第一所正规护士学校。她撰写的《医院笔记》《护理笔记》等主要著作成为医院管理、护士教育的基础教材。由于她的努力，护理学成为一门科学。她的办学思想由英国传到欧美及亚洲各国，南丁格尔被誉为近代护理专业的鼻祖。1901 年，南丁格尔因操劳过度，双目失明。1907 年，为表彰南丁格尔对医疗工作的卓越贡献，英国国王授予她功绩勋章，她也成为英国首位获此殊荣的妇女。1910 年，南丁格尔逝世。

国际护士节历年主题

2000年：无论何时何地，护士永远为你服务

2001年：无论何时何地，护士永远为你服务：联合反对暴力

2002年：无论何时何地，护士永远为你服务：关爱家庭

2003年：反对歧视艾滋病人，关爱全人类

2004年：护士：携手战胜贫困

2005年：为了病人安全，抵制伪劣药品

2006年：护士的合理配置对拯救生命至关重要

2007年：营造优良执业环境，提供优质护理服务

2008年：提高社区护理品质，引领初级卫生保健

2009年：优质护理、服务社会，护士引领护理创新

2010年：优质护理、服务社区，护士引领长期护理

国际家庭日　5月15日

　　为提高各国政府、决策者和公众对于家庭问题的认识，促进各国政府机构制定、执行和监督与家庭有关的政策，1989年12月8日，第44届联合国大会通过一项决议，宣布1994年为"国际家庭年"(International Year of the Family)，并确定其主题为"家庭：变化世界中的动力与责任"，其口号是"在社会核心建立最小的民主体制"。此后联合国有关机构又确定以屋顶盖心的图案作为"国际家庭年"的标志，昭示人们用生命和爱心去建立温暖的家庭。1993年2月，联合国社会发展委员会宣布，从1994年起，每年5月15日为"国际家庭日"，以进一步推动所有家庭为社会作贡献。联合国大会还为每年的"国际家庭日"确立一个主题，以便世界各国围绕这一主题开展各种活动。2007年，联合国将国际家庭日的主题定为"家庭与残疾人"。2008年的主题是"父亲与家庭：责任与挑战"。

　　家庭是社会的"基本细胞"，也是对人类社会产生重要影响的个体单位。20世纪80年代以来，全世界家庭数目急剧增加，家庭规模日趋缩小，离婚率普遍上升，人口老龄化问题日益严重，家庭崩溃，社会危机四伏，人们的家庭观念也在发生变化。其主要原因是由于工作、迁移、信息发展、社会、经济等关系，以及战争和社会不平等因素造成家庭基础动摇。反过来，家庭基础的动摇也给社会带来诸多不利，如年轻人离开家庭，进入社会，由于心理不平衡开始在社会上制造暴力事件，以示发自内心的不满或以此得以安慰。

据调查显示：在20世纪90年代，美国的传统家庭基础已完全崩溃。继而出现的是"同居""单亲家庭"和"单身汉"。圆满家庭生活的比率从1990年的25.6%下降到2000年的23.3%。据美国家庭联合会统计：美国30%的孩子是私生子。另外对美国社会的调查显示：77%的青年因为家庭原因而走上偷盗、吸毒、打架斗殴等歧途。统计还显示：从1960年至1995年期间，无父母照管的青少年采取的暴力犯罪活动，增加了7倍。此外，在世界其他地方发生的冲突和战争中，家庭成了首当其冲的牺牲品。所以说，如果我们现在还不采取一系列正确的方案和措施，来巩固家庭基础，恢复社会精神与文化价值，那么我们将无法解决一系列社会问题。

2007年，联合国将国际家庭日的主题定为"家庭与残疾人"。对许多残疾人来讲，家庭就是他们的保护屏障；然而对有些残疾人来说，家庭的过分保护也许限制了他们的成长；还有另外一些残疾人，家庭因他们而感到耻辱，使他们备受家庭的虐待和忽视。因此，国际社会有责任保护残疾人及其家庭免受歧视，并提供更多的机会，使这些家庭履行职责，确保残疾人充分享受正常人能享受的权利、尊严与社会的繁荣。

2008年，联合国将国际家庭日的主题定为"父亲与家庭：责任与挑战"，目的就是强调父亲在家庭中的作用以及重要职责。父亲在孩子成长过程中责任重大。《三字经》有云："养不教，父之过。"近年来，各国一些研究均证明，在我们的一生中，父亲的影响至关重要，甚至超过母亲。父亲与孩子交流越多，孩子越少暴

力倾向。感受到父爱的孩子人格更健全。有心理学家将父亲的影响力比作"粒子"，在孩子的成长过程中，会持续不断地发生裂变、释放"能量"，帮助孩子形成完备的人格。研究表明，父亲的言行对子女儿童期和青春期的影响最大。因此，作为父亲要时刻注意自身行为，给孩子树立榜样，如在公共场合不吸烟、不随地吐痰、遵守交通规则、对家庭负责、努力工作等，这会让男孩子从小就知道什么是真正的男人，让女孩子从中获得安全感，为孩子的健康成长创造良好的家庭环境。

国际生物多样性日
5月22日

　　1992年6月5日的联合国环境与发展大会，153个国家签署了《生物多样性公约》，并于1993年12月29日生效。缔约国第一次会议1994年11月在巴哈马召开，会议建议12月29日即《公约》生效的日子为"国际生物多样性日"。1994年12月29日是第一个国际生物多样性日。为了更好地开展宣传纪念活动，根据公约缔约方大会第五次会议的建议，联合国大会通过决议，将国际生物多样性日由12月29日改为5月22日。2001年5月22日是日期更改后的第一个国际生物多样性日。

　　生物多样性是地球上生命经过几十亿年发展进化的结果，是人类赖以生存的物质基础。它是指地球上动物、植物、微生物等生物在所有形式、层次和联合体中生命的多样化，包括生态系统多样性、物种多样性和基因多样性。据有关机构估计，地球上的生物约有300万至1 000万种以上，至今有案可查的仅有150万种，而供人类利用的只是其中的一小部分。

　　但是随着人类活动加剧，人类不可持续的生产方式和消费方式破坏了生物多样性，从而威胁生态系统。如今，海洋资源的过度开发、土壤退化、森林面积减少以及气候变化引发的灾害，使

地球生物种类在大量消失。据统计，地球上的原始森林已由19世纪的55亿公顷减少到现在不足28亿公顷，无数动植物在人类还没有认识之前就由于各种原因在地球上消失了。

在2007年4月召开的第三届世界植物园大会上，有关专家发出警告，如果本世纪末全球气温上升5℃，再加上植物保护地被破坏等人为因素，必然会导致地球上的物种大规模灭绝。生物多样性的急剧减少将给人类带来灾难。因此，保护地球生物多样性，也就是保护人类自己。

链　接

国际生物多样性日历年主题

2001年：生物多样性与外来入侵物种管理

2002年：林业生物多样性

2003年：生物多样性和减贫——对可持续发展的挑战

2004年：生物多样性：全人类食物、水和健康的保障

2005年：生物多样性——变化世界的生命保障

2006年：实现2010年生物多样性目标——保护干旱地区的生物多样性

2007年：生物多样性与气候变化

2008年：生物多样性与农业

2009年：外来入侵物种

生物入侵

生物入侵是指某种生物从外地自然传入或人为引种后成为野生状态，并对本地生态系统造成一定危害的现象。外来入侵物种具有生态适应能力强、繁殖能力强、传播能力强等特点；被入侵生态系统具有足够的可利用资源、缺乏自然控制机制、人类进入的频率高等特点。

生物入侵案例

随着国家、地区间经济、文化交往的日益频繁密切，随着全球环境不稳定因素的不断增多，生物入侵——被誉为"没有硝烟的生态战争"，正在全世界范围内悄悄打响，严重威胁着世界各国的经济发展及生态安全。

被喻为"紫色恶魔"的凤眼莲（Bichhor-nia crassipes 即中国人俗称的"水葫芦"）在全世界水域的肆虐繁殖，即是外来物种入侵最典型的一个例子。1884年，原产于南美洲委内瑞拉的凤眼莲被送到了美国新奥尔良的博览会上，来自世界各国的人见其花朵艳丽无比，便将其作为观赏植物带回了各自的国家，殊不知繁殖能力极强的凤眼莲便从此成为各国大伤脑筋的头号有害植物。在非洲，凤眼莲遍布尼罗河；在泰国，凤眼莲布满湄南河；而美国南部沿墨西哥湾内陆河流水道，也被密密层层的凤眼莲堵得水泄不通，不仅导致船只无法通行，还导致鱼虾绝迹，河水臭气熏天；我国的云南滇池，也曾因为水葫芦疯狂蔓延而被专家指称患上了"生态癌症"。

此外，澳大利亚的"兔灾"，地中海的"毒藻"，美国五大湖的"斑马贻贝"，夏威夷的"蛙声"以及入侵我国的"茎泽兰""大米草""松材线虫""加拿大一枝黄花""克氏螯虾""美国白蛾"等外来物种入侵的事例举不胜举。由于缺少自然天敌的制约，这些外来入侵者不仅破坏食物链，威胁其他生物的生存，而且每年给全球造成的经济损失超过4 000亿美元。

保护生物多样性的措施

建立自然保护区；建立珍稀动物养殖场；建立全球性的基因库。

世界无烟日　5月31日

自20世纪50年代以来，全球范围内已有大量流行病学研究证实，吸烟是导致肺癌的首要危险因素。为引起国际社会对烟草危害人类健康的重视，世界卫生组织于1987年11月建议将每年的4月7日定为"世界无烟日"，并于1988年开始执行。自1989年起，世界无烟日改为每年的5月31日。

15世纪，哥伦布发现新大陆的同时也发现了一种后来风行全球的植物——烟草。在尽情享受吸烟的快乐几百年后，人们直到20世纪才意识到吸烟的危害。研究发现，吸烟者的肺癌发病率比不吸烟者高10倍到20倍，喉癌发病率高6倍到10倍，冠心病发病率高2倍至3倍，循环系统发病率高3倍，气管类发病率高2倍至8倍。全球每7秒种就有一人死于与吸烟有关的疾病，烟草危害已经成为当今世界最严重的公共卫生问题之一。然而，尽管"吸烟有害健康"的标语在烟盒上赫然醒目，尽管各种关于吸烟危害的宣传铺天盖地，但是仍有无数人对烟情有独钟，难分难舍。全世界烟民的数量现在已达13亿，而且世卫组织警告说，如果不采取行动的话，到2025年这个数字将超过17亿。

世界卫生组织也发出警告，每年有成千上万不吸烟者也会因为被动吸烟而使健康受到损害。被动吸烟的危害更大，每天平均1小时的被动吸烟就足以破坏动脉血管。一些与吸烟者共同生活

的女性，患肺癌的几率比常人高出 6 倍。

因此，世界卫生组织将烟草流行作为全球最严重的公共卫生问题列入重点控制领域。2003 年 5 月，在日内瓦举行的世界卫生大会上，世界卫生组织成员国一致通过了第一个限制烟草的全球性条约——《烟草控制框架公约》，为在全球控制烟草危害，共同维护人类健康提供了法律框架。

据统计，目前全球大部分烟民都在 18 岁以前开始吸烟，有的甚至在 10 岁前就开始吸烟。世界卫生组织指出，全世界有一半儿童生活在不限制儿童购买烟草制品的国家。由于青少年身体正处于发育期，各项生理功能还不够稳定，因此吸烟所致疾病会在青少年身上产生许多严重的结果，如咳嗽、痰多、肺部感染、头痛、记忆力减退、抵抗能力低下等。此外，青少年开始尝试吸烟的年龄越小，他们成为固定烟草使用者的可能性就越大，戒烟的可能性也就越小。

也许是吞云吐雾的感觉令人陶醉，但是面对吸烟造成的恶果——损害自己身体、影响家人的健康、污染环境、加剧贫困……吸烟者还有多少理由继续在烟雾中沉醉下去？

链　接

奇特的戒烟方法

戒烟机器人

美国桑德威尔市，有两个与真人一般大小的机器人能十分逼真地模仿人们吸烟，先把香烟叼在嘴里，然后利索地点燃香烟，还不时从嘴里吐出阵阵烟雾。它们抽完一支，又接一支，简直像

个大烟鬼。机器人的胸部是透明的，观众可以清楚地看到，烟雾吸入机器人的嘴里，经过肺部，烟里有害的尼古丁和烟焦油便慢慢地在肺里积聚起来，使肺成了黑肺。许多吸烟者，在亲眼看了机器人的吸烟表演后，很快下决心把烟戒掉了。

戒烟电话

吸烟引起的危害之一就是咳嗽，咳得厉害的时候甚至把血都咳出来了。美国洛杉矶市电话局把烟瘾特重的人的咳嗽声录下来，开办了一项新的电话业务——戒烟电话。当想吸烟的人烟瘾大作，就可以立即拨戒烟电话号码，听筒里会立刻传出剧烈的、骇人的咳嗽声。

戒烟香水

国外科学家制成了一种特殊的香水，犯烟瘾的人只要在手帕或衣服上洒一些，便会对香烟的气味产生厌恶之感，立即失掉吸烟的兴趣。

戒烟胶母糖

瑞典一家公司生产了一种含尼古丁的胶母糖，所含尼古丁可以在20～30分钟内慢慢释放出来，以抵消烟瘾者体内对尼古丁的依赖而引起的强烈吸烟嗜欲。

呼氧验烟器

1987年年初，英国研制了一种新器材——呼氧验烟器。它可以向吸烟者显示每吸一口烟中的一氧化碳含量，如果该含量超过规定标准，"呼氧验烟器"上的小球就呈现红色。

戒烟烟灰缸

日本青木商会生产出一种会说话的烟灰缸。当吸烟人放烟蒂按动按钮时，烟灰缸便发话了："哼，又抽起烟来了。牙上都是烟油，真脏！你是打算早死吧。"音质令人生厌，从而产生一种戒烟的作用。联邦德国和美国制成的戒烟烟灰缸，在接触烟蒂时，会散发出一种消除烟瘾的气体，使吸烟者停止吸烟。

戒烟打火机

意大利生产了一种打火机，它每用一次，就会显示出吸烟次数和间隔时间，以此来提醒使用者注意掌握时间和数量。

国际儿童节　6月1日

　　儿童是国家未来的主人翁，如何给儿童提供一个良好的家庭、社会以及学习环境，是世界各国致力的目标。1925年8月在瑞士日内瓦召开的关于儿童福利的国际会议上，首次提出了"国际儿童节"的概念。这次大会有54个国家的爱护儿童代表，通过了《日内瓦保障儿童宣言》。

　　自此次大会后，一方面藉以鼓舞儿童，让儿童感到幸福、快乐，另一方面也为引起社会重视与爱护，各国政府都先后订立"儿童节"。

　　特别是在第二次世界大战期间，1942年6月，德国法西斯枪杀了捷克利迪策村16岁以上的男性公民140余人和全部婴儿，并把妇女和90名儿童押往集中营。村里的房舍、建筑物均被烧毁，好端端的一个村庄就这样被德国法西斯给毁了。为了悼念利迪策村和全世界所有在法西斯侵略战争中死难的儿童，反对帝国主义战争贩子虐杀和毒害儿童，保障儿童权利，1949年11月国际民主妇女联合会在莫斯科召开执委会，正式决定每年6月1日为全世界少年儿童的节日，即国际儿童节。

　　自国际儿童节设立以来，世界上大多数国家、国际组织采取了一系列措施，以促进儿童保护、福利和教育事业的发展。

　　1989年11月，联合国大会一致通过的《儿童权利公约》涵盖

了儿童应该享有的公民权利和自由、家庭环境、基本卫生福利、教育、休闲和文化活动以及特殊保护措施等各个方面，我国是参与制定国和签约国之一。之后，我国颁布了《中华人民共和国未成年人保护法》。1990年，在丹麦举行的第一次世界儿童问题首脑会议，制定了2000年前改善儿童健康和教育状况的具体指标。2002年5月，联合国儿童问题特别会议一致通过了《适合儿童成长的世界》行动计划，明确了在保健、教育、保护和艾滋病防治4个主要领域保护儿童权益、改善儿童生存条件的原则和目标。但是，目前世界儿童的生存环境依然严峻。

据联合国儿童基金会发布的《2008年世界儿童状况报告》统计，2006年全球有970万名5岁以下儿童死于痢疾、肺炎等可预防疾病。其中，超过半数的儿童因营养不良而死亡。另据统计，目前世界上仍有约4 250万名儿童无法饮用清洁水，每年有约150万名5岁以下儿童由于缺乏清洁饮用水或者基础卫生设施而死亡，全球约有250万名15岁以下儿童感染了艾滋病病毒。

贫穷、战争还使成千上万的儿童失去了受教育的权利。据国际劳工组织统计，全世界大约有1.88亿年龄在5岁至14岁的儿童在条件恶劣的农村、危险的工厂、矿井中工作。另外，全球超过30万儿童被迫成为士兵。过去10年中，各种武装冲突还造成全球200万儿童丧生，约600万儿童严重受伤或致残。

儿童的安全、生存和发展是人类进步的先决条件。国际社会应在消灭战争、贫困等方面付出更大的努力，为孩子们创造一个更加美好的明天。

和母亲节等其他节日类似，世界各地儿童节的时间和习俗也大相径庭。

1. 新中国成立前的儿童节——4月4日

中国第一个儿童节是1932年的4月4日。1931年"上海中华慈幼协会"发起建议，希望政府规定每年4月4日为儿童节。随后，制定了儿童节纪念办法，并于隔年的4月4日实施。

2. 日本——"女孩节"、"男孩节"、"七五三"儿童节

每年的3月3日是女孩节。日语中又把此节称为"雏祭"、"桃花节"（因为过去女孩节是在旧历三月三日，正值桃花盛开之时，由此得名）。在家中摆设偶人架是女孩节的传统庆祝活动。这天，凡是有女孩子的家庭都会在客厅里设置一个阶梯状的偶人架，在上面摆放各种穿着日本和服的小偶人（玩具娃娃），以庆祝女孩健康成长。这些小偶人，有自己制作的，也有买的。日本人家只要有女孩降生，父母、祖父母或者亲戚朋友就都会送她一套精致漂亮的小偶人。一套偶人，一般为15个，有皇帝和皇后、3位宫廷贵妇人、5名乐师、2位大臣和3个卫兵。这些小偶人姿态各异，栩栩如生。

男孩节叫做"儿童的日"，是一个传统节日。每年5月5日，日本的家庭都会庆祝孩子的长大。二战前，这个节日被称为"端午节"，并且只是男孩的节日。1948年，当这个节日成为公众假日的时候，便成了庆祝所有儿童幸福和福利的节日。在节日当天，日本的家庭都会在屋顶上悬挂鱼状的标志，用来象征儿童消除厄运，克服困难，顺利成长。

"七五三"儿童节。11月15日是日本的"七五三"儿童节。在日本习俗里，三岁、五岁和七岁是小朋友特别幸运的三个年纪，所以每年的这一天，会专门为这三个年纪的孩子热闹地庆祝一番。这一天，小朋友会穿上最好的传统和服，还会背上一个画了松树、乌龟或鹤等图案的小纸袋，纸袋里装满了父母买的糖果和玩具。

青少年应知的节日国际日

穿戴整齐后，父母会带小朋友上日本神社，祈求并感谢神明给小朋友带来健康和快乐。

3. 韩国——5月5日

韩国的儿童节开始于1975年，定在每年的5月5日，也是全国的公众假日，家长们通常会在这一天带孩子去公园、动物园或者其他游乐设施，让孩子开心地度过假日。

4. 印度——11月14日

在印度，儿童节的日子就是开国总理贾瓦哈拉尔·尼赫鲁的生日。在这个特别的日子里，印度的儿童会有各种民族气息浓郁的舞蹈、音乐表演，政府也会出面组织一些庆祝活动。

5. 土耳其——4月23日

4月23日，是土耳其的"国家主权及儿童日"。这个节日来自土耳其独立战争期间1920年土耳其国民大会的召开日期。1929年，根据儿童保护组织的建议，这一天被定为儿童节。

6. 印度尼西亚——7月23日

7月23日是印度尼西亚的儿童节，家境好的儿童上游乐场、逛商城；贫苦的孩子却依然要帮助家里打工挣钱。印尼目前有1 170万适龄儿童失学。

7. 瑞典——"男孩节""女孩节"

欧洲国家瑞典也把儿童节分得比较细，每年的8月7日是"男孩节"，又称为"龙虾节"，意思是鼓励全国的小男孩学习龙虾的勇敢精神。这一天，孩子们要打扮成龙虾的样子，表演一些非常活泼可爱的节目。

12月13日则是瑞典的"女孩节"，又叫"露西娅女神节"。露西娅是瑞典传说中专门保护女孩的女神，每到这个节日，女孩子都要打扮成女神的模样，为其他孩子做好事。

8. 俄罗斯——6月1日

俄罗斯的儿童节和国际完全"合拍"，就在6月1日。每当儿童节来临的时候，俄罗斯各地的孩子们都会兴高采烈地欢度自己的节日，还会表演一些民族歌舞，学校里则举行庆祝活动。

9. 哥伦比亚——7月4日

中美洲国家哥伦比亚将每年的7月4日定为儿童节。在这个节日里，全国的学校都要举行各种生动活泼的庆祝活动，儿童们还常常戴上各式各样的假面具，扮成小丑的样子在街头玩耍，十分开心。

10. 巴西——8月15日、10月12日

巴西的儿童节在8月15日，这一天正好也是巴西的"全国防疫日"。所以，每到这个日子，各地的医生都要为孩子们看病，还要给5岁以下的儿童注射预防小儿麻痹症的疫苗，表明政府十分关心儿童的健康。另外，巴西的"圣母显灵日"10月12日也往往被看作儿童节，全国会有一些庆祝活动。

11. 非洲国家——持续1个月的儿童狂欢节

非洲西部的马里等国家的"儿童狂欢节"可以持续1个月，是儿童最欢乐的时刻。非洲人历来能歌善舞，他们在狂欢节里尽情地唱歌跳舞，或做各种游戏。在跳舞时，非洲孩子特别喜欢戴上各种各样的动物面具，尽情欢乐，热闹非凡。他们不管相识与否，都态度友好，宛如一家。

国际牛奶日　6月1日

　　20世纪50年代，法国促进牛奶消费协会提出了庆祝"牛奶日"设想，这个设想在1961年被国际牛奶联合会（即I.D.F）所采纳，并做出了每年5月第三周的星期二为"国际牛奶日"的决定。2000年经联合国粮农组织（即FAO）的提议，兼顾到某些国家已经确定的日期，并征得了世界700多位乳业界人士的意见，把每年的6月1日确定为国际牛奶日。

　　国际牛奶日活动的一项重要内容是宣传牛奶的营养价值和对人体健康的重要性，以多种形式向广大消费者介绍牛奶的生产情况，了解广大消费者对牛奶和奶制品的意见和要求。这是双向的、又是互动的牛奶科普宣传活动，也是牛奶和奶制品的促销活动。

　　我国从1999年开始宣传国际牛奶日，鼓励人们多喝奶，通过对牛奶的宣传促进和启动消费市场，进而带动牛奶的生产。

　　我国开展这一活动最早的城市是江苏省南京市，早在1997年就开始了。随后，全国其他城市也陆续开展起这一活动，并且取得了良好的效果。中国奶业之所以能够持续快速地发展，同国际牛奶日活动的开展也是有联系的。

牛奶的历史究竟有多长?

虽然6 000年前古巴比伦一座神庙中的壁画是迄今为止发现的关于人类获取和饮用牛奶的最早历史记录，但根据考古学家的推测，早在12 000年前，人类就开始驯服牛作为家畜，并把牛奶作为重要的食物来源。在我国的考古文献中，关于乳的记载，是从西汉时才开始的，距今已有 2 200年的历史。

牛奶的食用

牛奶含有丰富的蛋白质、脂肪、维生素、钙等营养物质。1997年，中国营养学会推荐的平衡膳食指南，推荐每人每日摄入各类食物总量为1 100克～1 475克，其中奶类或奶制品为100克(相当于鲜奶300克～500克)。实际上，目前我国人均每天奶类或奶制品的摄入量仅30克左右，城市居民也只有70克左右。

牛奶并非简单一喝就能产生营养价值，以下是饮用牛奶的几点注意事项：

1. 食品标识，举足轻重。要看包装是否完整，一要看成分，否则就不知其含奶量；二要看生产日期、保质期和保存条件；三要看生产厂名、地址和产品批准文号，以防假冒、伪劣产品混迹其中；四要看内在，鲜奶如出现沉淀、结块或怪味现象，说明已经变质。

2. 早上饮用，一定要与碳水化合物同吃，牛奶中所含的丰富的赖氨酸可提高谷类蛋白质的营养价值，谷类也可使牛奶中的优

质蛋白质发挥其应有的营养作用。

3. 小口饮用，有利消化。

4. 晚上饮用，安神助眠。牛奶中含有丰富的色氨酸，具有一定的助眠作用。

5. 冷饮热饮，随意选择。合格的消毒鲜奶只要保存和运输条件符合要求，完全可以直接饮用。如果需要低温保存的消毒鲜奶在常温下放置超过4小时后将其煮沸后再饮用比较安全。

6. 特殊人群，巧选品种。有些人喝了牛奶以后，会出现腹胀、腹痛、腹鸣、腹泻等症状，医学上称之为"成人原发性乳糖吸收不良"，可选食免乳糖的鲜奶及其制品，或直接喝酸奶。对高脂血症和脂肪性腹泻患者而言，全脂牛奶也不适宜，可改喝低脂或脱脂牛奶。

不宜与牛奶同食的食物

橘子　在喝牛奶前后1小时左右，不宜吃橘子。因为牛奶中的蛋白质一旦与橘子中的果酸相遇，就会发生凝固，从而影响牛奶的消化与吸收，在这个时间段里也不宜进食其他酸性水果。

果汁　牛奶中的蛋白质80%为酪蛋白，牛奶的酸碱度在4.6以下时，大量的酪蛋白便会发生凝集、沉淀，难以消化吸收，严重者还可能导致消化不良或腹泻。所以牛奶中不宜添加果汁等酸性饮料。

糖　牛奶中含有的赖氨酸在加热条件下能与果糖反应，生成有毒的果糖基赖氨酸，有害于人体。鲜牛奶在煮沸时不要加糖，煮好牛奶等稍凉些后再加糖不迟。

巧克力　牛奶含有丰富蛋白质和钙，而巧克力含有草酸，两

者同食会结合成不溶性草酸钙，极大影响钙的吸收。甚至出现头发干枯、腹泻、生长缓慢等现象。

药　有人喜欢用牛奶代替白开水服药，其实，牛奶会明显地影响人体对药物的吸收。由于牛奶容易在药物的表面形成一个覆盖膜，使奶中的钙、镁等矿物质与药物发生化学反应，形成非水溶性物质，从而影响药效的释放及吸收。因此，在服药前后1小时不要喝奶。

世界环境日　6月5日

　　为提高人们的环境保护意识，1972年6月5日，联合国在瑞典首都斯德哥尔摩举行人类环境会议，这是人类历史上第一次在全世界范围内研究保护人类环境的会议。出席会议的国家有113个，共1 300多名代表。除了政府代表团外，还有民间的科学家、学者参加。会议讨论了当代世界的环境问题，制定了对策和措施，通过了著名的《人类环境宣言》及保护全球环境的"行动计划"。同年10月，第27届联合国大会根据斯德哥尔摩会议的建议，决定成立联合国环境规划署，并正式将6月5日定为"世界环境日"。世界环境日的确立，反映了世界各国人民对环境问题的认识和态度，表达了人类对美好环境的向往和追求，是联合国促进全球环境意识、提高政府对环境问题的注意并采取行动的主要媒介之一。联合国系统和各国政府每年都在6月5日开展各项活动宣传与强调保护和改善人类环境的重要性。

　　从1974年起，联合国环境规划署每年都为世界环境日确立一个主题，并展开相关宣传活动，还要选择一个成员国举行世界环境日纪念活动，发表《环境现状的年度报告书》及表彰"全球500佳"，根据当年世界主要环境问题及环境热点，有针对性地制定每年的主题。

联合国环境规划署

1973年1月，联合国大会根据人类环境会议的决议，成立了联合国环境规划署，设立环境规划署理事会（GCEP）和环境基金，总部设在肯尼亚首都内罗毕。环境规划署是常设机构，负责处理联合国在环境方面的日常事务，并作为国际环境活动中心，促进和协调联合国内外的环境保护工作。

联合国环境规划署理事会的成员由联合国大会选出的58个国家组成，任期3年。其中，非洲16席，亚洲13席，东欧6席，拉美和加勒比地区10席，西欧和其他国家13席。联合国环境规划署成立以来，中国一直是其理事会成员。

《只有一个地球》

1972年的人类环境会议会前，联合国人类环境会议秘书长莫里斯·夫·斯特朗委托58个国家的152位科学界和知识界的知名人士组成了一个大型委员会，由雷内·杜博斯博士任专家顾问小组的组长，为大会起草了一份非正式报告——《只有一个地球》。这次会议提出了响遍世界的环境保护口号："只有一个地球！"会议经过12天的讨论交流后，形成并公布了著名的《联合国人类环境会议宣言》（Declaration of United Nations Conference on Human Environment），简称《人类环境宣言》）和具有109条建议的保护全球环境的"行动计划"，呼吁各国政府和人民为维护和改善人类环境，造福全体人民，造福子孙后代而共同努力。

《人类环境宣言》提出7个共同观点和26项共同原则，引导和鼓励全世界人民保护和改善人类环境。

各国的环保做法

英国人有许多良好的日常生活理念有利于环保。他们长期注重住房环境绿化，房屋前后的空地大都用作花园，在英国花园的绿化是衡量家庭居住条件的一个重要尺度。另外在出行方式上，大多数英国人上班不驾车而改乘公共交通或骑自行车，便利的公交设施以及政府出台的很多环保政策使得私家车使用频率日益减少。英国的城市住宅区，废纸、玻璃瓶、塑料瓶和电器的分类垃圾箱标注醒目，人们都自觉将垃圾分类，以便回收再利用。但对于枯枝落叶乃至鸟类粪便，如果不影响行人行走，就任其化作肥料。

法国政府利用一些知名的体育赛事做"环保广告"。如法国网球公开赛上开展的一项旧球回收活动，每年法国都会生产大量的网球，而降解一个网球需要几个世纪的时间。"通过回收这些小小的旧球，我们拯救的是一个蓝色的大球——地球。"

日本政府大力推广一种外观和普通塑料差别不大却有益环境的塑料，这种生物塑料是在微生物作用下生成的，或者是以淀粉等天然物质为基础生产的。大到电视机的支架、电脑框体，小到小摆件、厨房垃圾袋等，生物塑料的身影随处可觅。

空气中二氧化碳、甲烷以及氮氧化物等温室气体的含量一直以惊人的速度增加，加剧了全球气候变化。2008年世界环境日主题是"改变传统观念，推行低碳经济"。

联合国环境规划署对人们采取"低碳生活方式"提出了如下

建议：

1. 用传统的发条式闹钟替代电子钟，这可以每天减少大约48克的二氧化碳排放量。

2. 用传统牙刷替代电动牙刷，可以减少48克二氧化碳排放量。

3. 把在电动跑步机上45分钟的锻炼改为到附近公园慢跑，可以减少将近1千克的二氧化碳排放量。

4. 如果去8千米以外的地方，乘坐火车比乘汽车可以减少1.7千克的二氧化碳排放量。

5. 不用洗衣机甩干衣服，而是让其自然晾干，这可以减少2.3千克的二氧化碳排放量。

6. 在午餐休息时间和下班后关闭电脑及显示器，可以将这些电器的二氧化碳排放量减少1/3。

7. 改用节水型淋浴喷头，不仅可以节水，还可以把3分钟热水淋浴所导致的二氧化碳排放量减少一半。

历届主办世界环境日的城市

1987年：肯尼亚的内罗毕

1988年：泰国的曼谷

1989年：比利时的布鲁塞尔

1990年：墨西哥的墨西哥城

1991年：瑞典的斯德哥尔摩

1992年：巴西的里约热内卢

1993年：中国的北京

1994年：英国的伦敦

101

1995年：南非的比勒陀利亚

1996年：土耳其的伊斯坦布尔

1997年：韩国的汉城（首尔）

1998年：俄罗斯的莫斯科

1999年：日本的东京

2000年：澳大利亚的阿德莱德

2001年：意大利的都灵和古巴的哈瓦那

2002年：中国的深圳

2003年：黎巴嫩的贝鲁特

2004年：西班牙的巴塞罗那

2005年：美国的旧金山

2006年：阿尔及利亚的阿尔及尔

2007年：挪威的特罗瑟姆

2008年：新西兰的惠灵顿

2009年：墨西哥的墨西哥城

父亲节
6月的第三个星期日

现在全世界普遍庆祝的父亲节是6月的第三个星期日。世界上的第一个父亲节于1910年诞生在美国。

父亲节的发起人是美国的杜德夫人。杜德夫人的母亲在她13岁时便去世了，遗留下六名子女。杜德夫人的父亲威廉·斯马特(William Smart)是一位参加过美国南北战争并军功卓著的退役军人，他在妻子去世后立志不再续弦，父兼母职，独自一人挑起了抚育六名子女的重任。杜德夫人作为家中唯一的女孩，女性的细心特质，让她更能体会父亲的辛劳：斯马特先生白天辛劳地工作，晚上回家还要负责家务和照料每一个孩子的生活起居。而儿女们终于长大成人，斯马特先生可以安享晚年之际，他却因为长年的过度劳累而一病不起，最终于1909年与世长辞。同年5月，当杜德夫人参加完教会的母亲节感恩礼拜后，特别地想念父亲，她比平时更清楚地体会到，她的父亲在养育儿女过程中所付出的爱心与劳苦，并不亚于任何一个母亲。

杜德夫人将她的感受告诉了教会的牧师瑞马士，她希望能有一个特别的日子，向伟大的斯马特先生致敬，并能以此感谢全天下伟大的父亲。瑞马士牧师为斯马特先生的故事所打动，更加赞

103

许杜德夫人对父亲的孝心和爱意。他支持杜德夫人推行"父亲节"的努力，杜德夫人在社会上所做的为父亲节造势的活动，也得到了各教会组织的支持，她随即向市长与州政府写信表达自己的想法与提议。在杜德夫人的奔走努力下，士波肯市市长与华盛顿州州长公开表示赞成，于是美国华盛顿州便在1910年6月19日举行了全世界的第一次父亲节聚会。当天参加聚会的人们，如果父亲在世的就佩戴红玫瑰，父亲去世的则佩戴一朵白玫瑰以表达对父亲的哀思。这样的习俗一直流传至今，红色或白色玫瑰也成为公认的父亲节节花。有的国家将黄色视为男性的颜色，所以在他们的父亲节这天，也有送黄色玫瑰花的。

1924年，当时的美国总统卡尔文·柯立芝建议把父亲节作为一个全国性的节日，以便"在父亲和子女间建立更亲密的关系，并且使父亲铭记自己应尽的全部责任"；1966年，美国总统詹森宣布当年6月第三个星期日，也就是斯马特先生的出生日期为美国父亲节；1972年，美国总统尼克松签署正式文件，将每年的6月第三个星期日，定为全美国的父亲节，并成为美国永久性的国立纪念日。

父亲节在全美国作为节日确定下来后，众商家从中看到商机。他们不仅鼓励做儿女的给父亲寄贺卡，而且鼓动他们买钢笔、手表、雪茄、打火机之类的小礼品送给父亲，以表达对父亲的敬重。据统计，美国人每年父亲节要花10多亿美元为父亲送礼。不过，送父亲的礼品种类相对单一，除了领带和雪茄烟外，其他东西很少，因而不少人认为给父亲买礼物最难。日本曾经推出过一款特别的父亲节大礼，某著名面包店烘焙了"父亲脸"面包，以每个3美元的价格出售。由于这款面包味道不错，样子可爱，一度在日本热销。

如今父亲节像母亲节一样，已经在全世界流传开来，成为一个国际性的纪念日。虽然大多数人对于父亲节的庆祝，不像对母亲节那样重视也没有母亲节那么热闹，但在我们的成长过程中，父母付出的辛劳和关爱是一样的，当母亲含辛茹苦地照顾我们时，父亲对我们的抚育也是尽心尽力，劳苦功高。

世界防治荒漠化和干旱日
6月17日

　　荒漠化现象的加剧引起国际社会广泛关注。1975年，联合国大会通过决议，呼吁全世界与荒漠化作斗争。1977年，联合国在肯尼亚首都内罗毕召开世界荒漠化问题会议，提出了全球防治荒漠化的行动纲领。1992年6月，包括我国在内的100多个国家的元首和政府首脑与会、170多个国家派代表参加的巴西里约环境与发展大会上，荒漠化被列为国际社会优先采取行动的领域。之后，联合国通过了47/188号决议，成立了《联合国关于在发生严重干旱和/或荒漠化的国家特别是在非洲防治荒漠的公约》政府间谈判委员会。公约谈判从1993年5月开始，历经5次谈判，于1994年6月17日完成。6月17日即为国际社会对防治荒漠化公约达成共识的日子。为了有效地提高世界各地公众对执行与自己和后代密切相关的《防治荒漠化公约》重要性的认识，加强国际联合防治荒漠化行动，以及纪念国际社会达成共识的日子，1994年12月19日第49届联合国大会根据联大第二委员会（经济和财政）的建议，通过了49/115号决议，决定从1995年起把每年的6月17日定为"世界防治荒漠化和干旱日"，旨在唤起人们防治荒漠化的责任心和紧迫感。

荒漠化是指气候异常和人类活动等因素造成的干旱、半干旱和亚湿润干旱地区的土地退化，是指由于一种作用或数种作用结合导致的干旱地区雨浇地、水浇地或草原、牧场和林地的生物或经济生产力的降低或丧失。地球陆地表面极薄的一层物质是土壤层，它对于人类和陆生动植物生存极为关键。没有土壤层，地球上就不可能生长任何草木、谷物，不可能有动物和人类的生存。荒漠化，就是土壤层土质恶化，有机物质下降乃至消失，造成表面沙化或板结从而成为不毛之地。对于受荒漠化威胁的人们来说，荒漠化意味着他们将失去最基本的生存基础——有生产能力的土地。荒漠化不仅造成贫困，而且迫使人们离开故土，造成严重可怕的移民浪潮。

半个多世纪以来，由于人类过度耕种放牧和滥伐森林，植被遭到破坏，水土流失严重，从而加剧了荒漠化对人类的威胁。近年来，虽然许多国家根据国情制定并实施了防治荒漠化的具体计划，并取得了一定的成果，但全球荒漠化现象依然很严重。据联合国公布的数字，不当的人类活动以及气候变化导致占全球41%的干旱地区土地不断退化，全球荒漠面积逐渐扩大，正在以每年5~7万平方千米的速度扩展（相当于一个爱尔兰的面积）。目前，全球有110多个国家、共10亿多人正遭受土地荒漠化的威胁，其中1.35亿人面临流离失所的危险。非洲和亚洲是土壤荒漠化现象最严重的地区。在非洲，46%的土地和4.85亿人口受到荒漠化威胁。亚洲一半以上的干旱地区已受到荒漠化的影响，其中中亚地区尤为严重。全球每年因土地荒漠化造成的经济损失超过420亿美元。

我国是世界上荒漠化严重的国家之一，全国沙化土地面积约为174.3万平方千米，占国土总面积的18.2%，超过全国耕地面积

的总和。沙化的年扩展速度已由1994年前的2 460平方千米扩大到目前的3 436平方千米。全国40亿亩天然草场也不同程度地出现退化和沙化。

国际奥林匹克日
6月23日

国际奥林匹克运动会起源于古希腊的奥林匹克竞技会。自公元前776年起，每4年在南希腊的奥林匹亚举行一次竞技会，限希腊公民参加。竞技项目有：赛跑、掷铁饼、赛马、角力等。对优胜者奖以橄榄花环。竞技活动于公元4世纪遭罗马帝国皇帝禁止。

1894年6月16日至24日在巴黎举行了一次国际体育大会，会上通过恢复奥林匹克运动会的决议，并正式成立了国际奥林匹克委员会。奥委会成立以后，第一届奥运会于1896年举行，每4年举行一次。为了纪念这一具有历史意义的日子，国际奥委会于1948年起将每年的6月23日定为国际奥林匹克日。当年6月23日举行了首次奥林匹克日活动，参加的国家有葡萄牙、希腊、奥地利、加拿大、瑞士、英国、乌拉圭、委内瑞拉和比利时。此后，在每年的6月17日至24日之间，各个国家或地区奥委会都要组织各种庆祝活动。现在世界上参加此项活动的国家、地区已由首届的9个增至100多个，参加者十分踊跃，表达了人们对奥林匹克精神的崇尚。从1987年开始，国际奥委会号召各国、各地区的奥委会在这一天前后举行纪念奥林匹克日长跑活动，中国每年6月23日前后的长跑活动参加人数已超过200万。

现代奥林匹克运动会不分种族、肤色、宗教信仰、意识形态、语言文化，让全世界人民相聚在五环旗下，以团结、和平与友谊为宗旨进行公平竞技，具有国际性的特点。

链 接

"现代奥林匹克之父"

勒巴龙·皮埃尔·德·顾拜旦 (Lebaron Pierre De Coubertin) 1863 年 1 月 1 日出生于法国巴黎一个贵族家庭。1896 年至 1925 年任国际奥委会主席，他终生倡导奥林匹克精神，被誉为"现代奥林匹克之父"。1890 年，顾拜旦访问了奥林匹克运动的发源地——希腊的奥林匹亚，萌生了以创办现代奥林匹克运动会来弘扬奥林匹克精神的想法，他开始积极投入到创办世界性的现代奥运会工作之中。1892 年，法国田径协会成立 5 周年纪念大会上，顾拜旦首次正式提出恢复和创办现代奥运会的想法。1893 年，来自 12 个欧美国家的代表在巴黎召开了"恢复奥林匹克运动代表大会"，通过了恢复奥林匹克运动的宪章，确定了现代奥运会的宗旨，并决定于 1896 年 4 月在希腊举行第一届现代奥运会，以后则按照古希腊传统每 4 年举行一次。1894 年 6 月 23 日，国际奥林匹克委员会成立，当时著名的希腊文学家维凯拉斯 (Demetrius Vikelas) 担任首任国际奥委会主席，顾拜旦当选为秘书长。

1913 年，顾拜旦为国际奥委会设计了会徽、会旗。会旗图案白底、无边，上面有蓝、黄、黑、绿、红 5 个环环相扣的彩色圆环，象征着 5 大洲团结以及全世界运动员以公正比赛和友好精神相聚在奥林匹克运动会。此外，他还倡议燃放奥林匹克火焰、设

立奥林匹克杯等。在确定奥林匹克运动会口号的问题上，顾拜旦最初觉得应以"团结、友好、和平"的口号来指导比赛。后来，他的一个朋友狄东神甫提出了"更快、更高、更强"的口号，得到顾拜旦的赞赏，认为它体现了人类永远向上、不断进取的伟大精神，以后便倡议它作为国际奥林匹克运动会的口号。

在法国，有以顾拜旦命名的街道、体育场馆。法国国家奥委会总部就设在皮埃尔·德·顾拜旦大街1号。在法国国家奥委会的大厅里，矗立着顾拜旦的铜像。1999年12月17日，他获得由《奥林匹克杂志》评选的"世纪体育领导人"称号。

国际奥委会

国际奥委会是一个非政府性的、非盈利性的和永久性的国际组织，它以协会的形式存在，具有法人资格，于1981年9月17日得到瑞士联邦委员会的承认。总部设在瑞士的洛桑。它的组织机构形式是：国际奥委会全体委员会议(简称"全会")、执委会和主席。国际奥委会是领导国际奥运会和决定有关问题的最高权力机构。

国际禁毒日　6月26日

20世纪80年代以来，吸毒在全世界日趋泛滥，毒品走私日益严重。毒品的泛滥直接危害人民的身心健康，并给经济发展和社会进步带来巨大威胁。日趋严重的毒品问题已成为全球性的灾难，世界上没有哪一个国家和地区能够摆脱毒品之害。由贩毒、吸毒诱发的盗窃、抢劫、诈骗、卖淫和各种恶性暴力犯罪严重危害着许多国家和地区的治安秩序。有些地方，贩毒、恐怖、黑社会三位一体，已构成破坏国家稳定的因素。面对这一严峻形势，1987年6月12日至26日，联合国在维也纳召开由138个国家的3 000多名代表参加的麻醉品滥用和非法贩运问题部长级会议。会议提出了"爱生命，不吸毒"的口号。与会代表一致同意将每年6月26日定为"国际禁毒日"，以引起世界各国对毒品问题的重视，号召全球人民共同来抵御毒品的危害。同年12月，第42届联合国大会通过决议，决定把每年的6月26日定为"反麻醉品的滥用和非法贩运国际日"（即国际禁毒日）。

1990年2月在纽约召开的联合国第17届禁毒特别会议通过了《政治宣言》和《全球行动纲领》，并郑重宣布将20世纪最后10年（1991年－2000年）定为"国际禁毒十年"。

自1987年以后，各国在每年的6月26日前后都要集中开展大规模的禁毒活动。许多国家和地区采取了颁布更加严厉的反毒法

律、建立专门反毒机构、扩大缉毒力量、有计划开展扫毒行动、加强武装缉毒和扫毒国际合作等措施来遏制毒品的蔓延。例如：中国、老挝、缅甸、泰国四国召开禁毒合作部长会议和东亚次区域禁毒谅解备忘录高官会议共商禁毒大计，南部非洲国家与欧盟决定联合打击越境非法走私毒品，新加坡、马来西亚等国规定凡携带一定数量毒品的人一经查获就处以绞刑，泰国提出了以经济作物代替罂粟的改植计划，缅甸建立了肃毒组织和戒毒中心，摩洛哥制订了彻底根除大麻的计划，俄罗斯制定了与非法毒品交易作斗争的纲要并成立了反毒专门委员会，美国等一些美洲国家也投入相当大的力量在国内展开扫毒运动。

毒品是鸦片、吗啡、海洛因、可卡因、大麻、杜冷丁等200余种国际公约明令禁止的麻醉品与精神药物的统称，也包括近年来在美国等地流行起来的迷幻药。国际上通常把毒品分为六大类：1.吗啡型药物，包括鸦片、吗啡、海洛因和罂粟植物等最危险的毒品；2.可卡因和可卡叶；3.大麻；4.安非他明等人工合成兴奋剂；5.安眠镇静剂，包括巴比妥药物和安眠酮；6.精神药物，即安定类药物。其中对人体危害最大的有鸦片类、可卡因类和大麻类，可卡因类被称为"百毒之王"。

大量的毒品交易，巨额的毒资流动直接或间接地威胁国际经济的正常运转。联合国毒品监督机构2003年3月公布的一份年度报告指出，全球毒品每年销售总额8 000亿至10 000亿美元，占全球贸易总额的10%，这一数字高于石油和天然气工业的收入，与全球军火贸易额相差无几。目前全球经常性和偶尔性的毒品使用者已达2亿之多；其中1.63亿人吸食大麻，3 400万人食用安非他明，1 400万人食用可卡因，1 500万人服用鸦片制剂，800万人食用摇头丸。毒品蔓延的范围已扩展到五大洲的200多个国家和地区，而且出现吸毒人群日益年轻化、女性吸毒者增加的趋势。我国现有吸毒人员超过74万。

链　　接

国际禁毒日历年主题

1998年：无毒世界我们能做到

1999年：亲近音乐，远离毒品

2001年：体育拒绝毒品

2002年：吸毒与艾滋病

2003年：让我们讨论毒品问题

2004年：抵制毒品，参与禁毒

2005年：珍惜自我，健康选择

2006年：毒品不是儿戏

2007年：抵制毒品，参与禁毒

2008年：依法禁毒，构造和谐

2009年：珍惜生命，远离毒品，预防艾滋病

世界四大毒品产区

"金三角"地区：包括缅甸、泰国、老挝以及印度等一些邻近地区，面积大约为20万平方公里。这里地势险峻，人烟稀少，民族杂居，是世界上最大的毒品产地。其中缅甸是世界上最大的罂粟种植国之一。

"金新月"地区：主要由阿富汗、巴基斯坦、伊朗等国的交

会地区组成，同时还包括塔吉克斯坦、吉尔吉斯斯坦、土库曼斯坦、乌兹别克斯坦、哈萨克斯坦等国的部分地区。这一地区主要种植大麻和罂粟。其中阿富汗是世界上最大的海洛因生产国之一。据联合国出版的《世界毒品：1997》报道，全世界非法生产的鸦片中，90％源于"金新月"和"金三角"两个地区。

拉丁美洲地区：其中心为哥伦比亚、厄瓜多尔、玻利维亚和秘鲁。其中厄瓜多尔和哥伦比亚共同接壤的亚马孙地区的大约50公里左右的地带，人们称之为"银三角"。这一地区中，秘鲁、哥伦比亚和玻利维亚是最主要的古柯种植国和可卡因生产国。

由于国际贩毒集团吸毒、贩毒的跨国界性，世界上存在着许多秘密的毒品转运及交易地。

在亚洲，毒品转运中心主要有香港、新加坡、曼谷以及土耳其和黎巴嫩等国家和地区。菲律宾因西与亚洲著名的毒品产地"金三角"地区隔海相望，南面和东面与澳大利亚和美国这两个毒品消费大国经海路相通，亦成为国际贩毒集团的中转站。

欧洲的毒品贩运基地包括巴塞罗那、阿姆斯特丹、巴勒莫、卢森堡、列支敦士登以及罗马尼亚和保加利亚的一些城市。罗马尼亚和保加利亚是毒品从亚洲转运到欧洲的主要通道。

在拉美地区，特立尼达和多巴哥、巴哈马也是世界性的毒品转运中心。委内瑞拉—加勒比通道是哥伦比亚毒品运往美国和欧洲的主要路线。

在非洲，阿尔及利亚、南非以及西非的一些国家如尼日利亚、塞内加尔等因其所处的地理位置也成了毒品的转运站。

毒品的海上运输线路主要是从印度洋沿岸港口经越南、韩国、符拉迪沃斯托克（海参崴），然后再到墨西哥和哥伦比亚。毒品的空运线路是从西非绕经俄罗斯后再到欧洲。

世界人口日　7月11日

　　1987年7月11日世界人口总数达到50亿。由联合国人口基金会倡议，联合国开发计划署理事会第36届会议建议，各国政府、民间团体在此期间开展"世界人口日"活动以唤起世人的重视并进而思考解决各自人口问题的措施。此后，每年7月11日世界各国都要开展宣传活动。

　　联合国人口基金会1999年初公布的统计数字向人们展示了全球人口增长的历程：1804年世界人口只有10亿，1927年增长到20亿，1960年达到30亿，1975年达到40亿，1987年上升到50亿，1999年10月12日，世界人口达到60亿。目前，世界人口已超过67亿。随着人口激增，水资源缺乏、土地沙漠化、生物多样性丧失等一系列环境问题愈加恶化，如何应对人口增长所带来的挑战，成为全球共同关注的重大问题。

　　根据联合国人口基金会公布的数据，全球约有2亿育龄妇女希望推迟或避免怀孕，但因多种原因未采用有效的避孕措施；全球每年约有1.9亿妇女怀孕，其中约5 000万选择流产，因此造成大约6.8万妇女死亡。此外，许多发展中国家人口增长率居高不下，也给经济发展和环境保护造成沉重负担。联合国人口基金会认为，如果人们能够实行计划生育，人口出生率将大幅下降。研究人员预测，全面实行计划生育每年将能挽救17.5万妇女的生命。

计划生育还是消除贫困的有效途径。此外，随着出生率下降，更多妇女可以从生育的负担中解放出来，从事创造性劳动。

据联合国人口基金会1995年7月11日在伦敦发表的世界人口报告说，1995年世界人口总人数为57亿。文盲为9.6亿，其中2/3是妇女，1.3亿为儿童。据推测，全球每年增加人口数量将保持在8 600万以上。到2015年世界人口将达71亿~78亿，到2025年将超过80亿，到2050年将达到94亿。据科学家的分析，到2080年世界人口将达到顶峰，为106亿，在此后将逐渐下降，到21世纪末降至103.5亿。

科学家早先的测算结果认为，地球最多能够养活100亿到150亿居民。如果不及时有效控制人口增长，人类可持续发展的理想很可能难以实现。

联合国2005年3月公布的一份研究报告称，过去50年间世界人口的持续增长和经济活动的不断扩展对地球生态系统造成了巨大压力。人类活动已给地球上60％的草地、森林、农耕地、河流和湖泊带来了消极影响。

人口增长和其他因素结合在一起，已经对整个人类社会构成严峻挑战。以水资源为例，目前全球至少有11亿人无法得到安全饮用水，26亿人口缺乏基本的卫生条件。在沉重的人口压力面前，经济发展、社会进步与环境保护等人类共同的理想受到巨大威胁。

人口问题涉及"地球村"每个成员，发达国家也不例外。美国人口的快速增长及其高于全球平均水平的人均资源和能源消耗量，使人们对美国式发展道路产生了质疑。其他一些发达国家也出现人口负增长和社会老龄化等问题。这些意味着，不论是发展中国家还是发达国家都需要高度重视人口问题，建立符合自己国情的科学的人口发展战略。

世界人口日历年主题

2002年：贫困、人口与发展

2003年：青少年的性健康、生殖健康和权利

2004年：纪念国际人口与发展大会10周年——遵守承诺

2005年：平等＝授权

2006年：年轻人——为了年轻人，与年轻人一起行动起来

2007年：男性参与孕产妇保健

2008年：这是一种权利，让我们将它变成现实

2009年：应对经济危机：投资于妇女是一个明智的选择

2010年：每个人都很重要

世界土著居民国际日
8月9日

　　1990年第45届联合国大会通过决议，将1993年定为"世界土著居民国际年"（又称"国际土著人年"），目的是：为解决土著人面临的问题加强国际合作，并通过各种活动增加公众对土著人权利和文化的了解。

　　"土著人"的准确定义，目前国际上尚无定论。一般认为，土著人系指在外来的种族到来之前，那些祖祖辈辈繁衍生息在一个国家或地区的人民。他们由于外来者的入侵及文化"同化"，陷入很不利的境地，如美洲的印第安人、大洋洲的毛利人和靠近北极圈的因纽特人等。据联合国有关机构估计，在全世界五大洲大约70个国家中，生活着5 000多个土著人团体，超过3.7亿名土著居民。由于长期受到歧视，许多土著居民的生活非常贫困，有些土著人团体的文化已经濒临灭绝。

　　1993年6月18日，在维也纳召开的世界人权大会举行世界土著居民国际年大会，呼吁国际社会重视世界各国土著居民的存在，尊重其历史、文化和传统，并保障他们平等生存的权利。同年12月9日，联合国大会决定从1995年到2004年的十年为"世界土著居民国际十年"，12月21日，第48届联大将每年的8月9日定为

119

"世界土著居民国际日"，以便有效地帮助各国土著人解决在环境保护、经济发展、教育和医疗等方面所面临的问题。

世界各国土著人情况；

加拿大：在加拿大，现行宪法承认3个土著人群体："第一民族"、米提人和因纽特人。第一民族原称印第安人，米提人则是4个土著部落居民和源自法国、苏格兰和英格兰的白人通婚生下的后代。

从19世纪80年代起，加拿大政府开始依照《印第安法》对土著人实行强制同化政策，试图摧毁其传统文化、社会和政治结构，使其完全融入"主流社会"中。同化政策包括通过"民主"选举选出酋长和社议员、禁止印第安人举行传统仪式、强制将印第安儿童送至政府资助的寄宿学校接受天主教式教育。在1870年到1970年间，大约有15万5岁至16岁的土著儿童被迫离开父母去寄宿学校接受教育。在寄宿学校他们不能讲本民族语言，有很多人身心受虐，甚至遭到性侵害。

2008年6月11日，加拿大总理哈珀在联邦议会众议院向历史上旨在同化土著居民的寄宿学校受害者正式道歉。哈珀说："有人企图'把印第安文化消灭在娃娃阶段'。这个政策是错误的，给他们造成了巨大伤害。我们对此深表歉意。"

美国：1492年，哥伦布发现北美新大陆后，印第安人便不断遭受杀戮、驱逐、隔离和歧视。1776年美利坚合众国成立，和殖民者一样，美国政府对待印第安人的手法，同样充满了暴力和虚伪。直到1924年，美国政府才承认印第安人为美国公民。

澳大利亚：澳大利亚最早居民为土著人，他们属于澳大利亚最贫穷的阶层，大都在偏远的内陆定居点过着简陋的生活。

1770年，英国宣布占有这片土地。1901年1月1日，澳大利

亚联邦成立，但把土著人排除在人口普查范围外，将他们归为"动物群体"。

1910年，澳大利亚通过一项政策，以改善土著儿童生活为由，规定当局可以随意从土著家庭中带走混血土著儿童。大约10万名土著儿童或被送进男童和女童收养营，或被送到白人家中接受抚养和教育，他们就是后来所谓的"被偷走的一代"。这些土著儿童被禁止说土著人语言，经常遭到身体虐待，澳大利亚政府试图通过这种手段强迫同化土著儿童。

1967年，澳大利亚人在全民公决中赞成修改宪法，把土著人纳入人口普查，并赋予他们投票权。1970年，澳大利亚废除允许当局带走土著儿童的法令。

2008年2月13日，新当选为澳大利亚总理的陆克文代表政府就土著居民自白人登上澳大利亚大陆上百年来所蒙受的苦难作出了正式道歉。陆克文连用三个"对不起"向当地的土著人表示歉意。

2007年9月13日，第61届联合国大会通过投票，以决议的形式通过了《土著人民权利宣言》，呼吁保障土著人的各项权利。当天的投票结果是：143票赞成、4票反对和11票弃权。其中投反对票的4国，恰恰是有着不少土著人口的澳大利亚、加拿大、新西兰和美国。

国际扫盲日　9月8日

　　文盲现象是一个全球性的社会问题，严重阻碍了社会的发展。据统计，目前全球成人文盲约为8.6亿，约占全球成人人口的20%。全世界有1.13亿学龄儿童不能上学，其中2/3是女童，大部分文盲分布在非洲、亚洲和拉美地区的贫穷国家。在发达国家中也存在大量的文盲，仅美国就有4 000万成年人无法给孩子读书读报，并无法辅导孩子做家庭作业。

　　为了消灭文盲现象，联合国教科文组织早在1966年就决定，把每年的9月8日定为"国际扫盲日"，目的是动员世界各国和有关国际机构同文盲现象作斗争，并希望通过国际扫盲日活动推动扫盲工作的开展，使各国适龄儿童都能上学、在校学生不过早辍学、成年文盲有受教育机会。

　　1987年，联合国大会通过决议，宣布1990年为"国际扫盲年"。联合国还曾宣布，从2003年1月开始的十年为"国际扫盲十年"，努力实现2015年以前将全球成人文盲总数比2000年减少一半的目标。

　　在国际社会共同努力下，扫盲工作取得了显著的成绩。根据教科文组织的统计，过去几年，成年人的文盲数量从1985年至1994年的8.71亿减少到2000年至2006年的7.76亿。同时全球识字率则由上一时期的76%上升到84%。

但是扫盲任务依然严峻，目前全世界约有7.74亿成年人是文盲，有7 500万适龄儿童未能入学，还有数百万青年过早离开学校，尤其是在发展中国家。

造成发展中国家高文盲率的原因是多方面的。从人口发展角度说，发展中国家人口基数大，人口增长率高，经济相对落后，国家的教育投入难以与人口的增长成正比。从语言文化角度讲，多语种问题在发展中国家较为突出，这在非洲尤为严重。拥有1亿多人口的尼日利亚共有410种语言，仅有660万人口的贝宁也有近60种语言。从社会生产角度看，发展中国家现代化程度不高，一些工作的知识和技术含量不大，人们对文化知识的需求不十分强烈，文盲与否对社会生产不会造成太大影响。

看书识字、吸取知识要在明亮的教室里，还是在宽敞的图书馆中？其实，简陋的难民营中、昏黄的烛光下也可以安放下一张书桌；识文断字、读报写信是学龄孩子的特权，还是健全人的专利？其实，只要用心努力，年龄不是差距，伤残更不是问题。我们拥抱知识，可以随时！随地！

链接

扫盲与健康

联合国教科文组织将2008年国际扫盲日的主题依然确定为"扫盲与健康"（与2007年相同），旨在让人们更多地关注读写能力与公众健康之间的关系。

文盲现象对人类健康有直接的影响。如果不识字，人们就无法阅读药瓶上的说明。不识字意味着人们不太可能了解与艾滋病、

疟疾和其他传染病有关的事实。应对世界上最重要的一些公共卫生挑战，扫盲是不可或缺的行动。

自1979年以来，联合国教科文组织等国际机构先后设立了六项国际性扫盲奖：

1. "娜杰日达·克·克鲁普斯卡娅国际文化奖"由苏联政府捐助。每年9月8日国际扫盲日时由联合国教科文组织颁发，表彰扫盲出色的机构、组织和个人，故又称该奖为教科文组织扫盲奖。

2. 国际野间扫盲奖，1980年，由日本最大的综合出版社"世谈社"设立，并以该社社长姓氏命名，奖金为1.5万美元。

3. 国际阅读协会扫盲奖，1979年创立，奖金为1.5万美元。

4. 世宗王扫盲奖，1990年由韩国政府设立，有两个奖项，奖金各为1.5美元。

5. 马尔科姆·阿迪塞希亚国际扫盲奖，以联合国教科文组织前副总干事的名字命名，1998年开始颁发，奖金为2万美元。

6. 穆罕默德·礼萨·巴列维奖。

国际保护臭氧层日
9月16日

　　臭氧层是指距离地球25千米至30千米处臭氧分子相对富集的大气平流层。它能吸收99%以上对人类有害的太阳紫外线，保护地球上的生命免遭短波紫外线的伤害，因此被誉为地球上生物生存繁衍的保护伞。

　　随着科学技术的发展和对舒适生活的追求，制冷剂、发泡剂和喷射剂等化学制品被大量使用。这些制品中含有大量消耗臭氧层物质（ODS），如氯氟烃和含溴氟烃等，它们的大量排放对臭氧层构成了严重威胁。20世纪80年代中期，科学家首次发现，南极上空的臭氧层出现严重损耗，形成所谓的空洞。2003年时，该空洞面积一度达到2 900万平方千米的历史最高纪录，相当于美国领土面积的3倍多。南极情况如此严重，北极情况也不妙。

　　大气层中的臭氧含量每减少1%，地面受太阳紫外线的辐射量就增加2%，人类患皮肤癌的患者就会增加5%至7%。过量的紫外线辐射可使农作物叶片受损，抑制其光合作用，改变细胞内的遗传基因和再生能力，导致农产品减产或质量劣化。过量的紫外线还会杀死水中的微生物，造成某些物种灭绝。大气臭氧的减少还会使人工高分子或天然高分子材料加速老化，如建筑物、喷涂、包装等，使其变硬、变脆、缩短使用寿命，并能使接近地面的有害臭氧浓度增加，尤其在人口密集的城市中心，可引起光化学烟雾污染。臭氧减少还是导致全球气候变暖、海平面上升的主要原因。

臭氧层可以停止损耗甚至自身恢复。因此，联合国环境规划署自1976年起陆续召开各种国际会议，通过了一系列保护臭氧层的决议，在全球范围内限制并逐步淘汰消耗臭氧层的化学物质。

1987年9月16日，联合国环境规划署在加拿大蒙特利尔召开的国际臭氧层保护大会，通过了《关于消耗臭氧层物质的蒙特利尔议定书》（简称《蒙特利尔议定书》），对控制全球破坏臭氧层物质的排放量和使用提出了具体要求。1995年，联合国大会决定把每年的9月16日作为国际保护臭氧层日，要求《蒙特利尔议定书》所有缔约方采取具体行动纪念这个日子。中国在1991年成为议定书缔约方，全世界已有191个国家签署了这一议定书。

多年来，通过议定书各缔约方的共同努力，全球已成功地削减了95%的消耗臭氧层物质。主要消耗臭氧层物质将于2030年前在全球范围内彻底停止生产和使用。

目前，学界认为ODS包括下列物质：CFCs、哈龙（Halon）、四氯化碳、甲基氯仿、溴甲烷等。因此，要分辨出在日常生活中含有消耗臭氧层物质或生产中使用这些物质的物品，如：冰箱、空调等制冷设备（包括家电、运输制冷、工业制冷）、泡沫（大量存在于沙发、一次性发泡餐盒、汽车内饰发泡件、保温喷涂）、灭火剂、气雾剂（摩丝、杀虫剂、外用药喷雾剂）、清洗剂、膨胀烟丝等。然后，为保护臭氧层我们要购买带有"无氯氟化碳"标志的产品，并定期检查及保养空调及其他冷冻装置，防止或减少制冷剂泄露。冰箱、空调报废时，残留制冷剂应妥善回收并循环利

用。此外，制冷设备维修人员在进行充氟服务时应切记不要随意把残留的氟排放掉。

链 接

国际保护臭氧层日历年主题

1998年：为了地球上的生命，请购买有益于臭氧层的产品

1999年：保护天空，保护臭氧层

2000年：拯救我们的天空：保护我们自己，保护臭氧层

2004年：拯救蓝天，保护臭氧层：善待我们共同拥有的星球

2005年：善待臭氧，安享阳光

2006年：保护臭氧层，拯救地球生命

2007年：加速淘汰消耗臭氧层物质行动

2008年：蒙特利尔议定书——全球合作、全球受益

2009年：全球参与，携手保护臭氧层

世界爱牙日　9月20日

每年的9月20日为世界爱牙日。龋齿已被世界卫生组织列为心血管病和癌症之后的三大重点防治疾病之一，因此把每年的9月20日定为"世界爱牙日"

宗旨是通过爱牙日活动，广泛动员社会的力量，进行牙病防治知识的普及教育，增强口腔健康观念和自我口腔保健的意识，建立口腔保健行为，从而提高人们的口腔健康水平。

牙齿又称"牙"，具有一定形态的高度钙化的组织，有咀嚼、帮助发音和保持面部外形的功能。人体一生中先后长两次牙，首次长出的称"乳牙"，到2岁左右出齐，共20个。6岁左右，乳牙逐渐脱落，长出"恒牙"，共32个。按形态可分为切牙、尖牙和磨牙。切牙的功能是切断食物，双尖牙用以捣碎食物，磨牙则能磨碎食物。人们还常把牙齿作为衡量健美的重要标志之一。

要想有一副健美的牙齿，必须注意牙齿的保健，多吃含钙丰富的食物。特别是在婴幼儿时期，应多吃能促进咀嚼的蔬菜，如芹菜、卷心菜、菠菜、韭菜、海带等，有利于促进下颌的发达和牙齿的整齐，还能使牙齿中的钼元素含量增加，增强牙齿的硬度和坚固度。常吃蔬菜还能防龋齿，因蔬菜中含有90%的水分及一些纤维物质。咀嚼蔬菜时，蔬菜中的水分能稀释口腔中的糖质，使细菌不易生长；纤维素能对牙齿起清扫和清洁作用。此外，多吃些较硬的食物有利于牙齿的健美，如玉米、高粱、牛肉、狗肉及一些坚果类，如橡实、瓜子、核桃、榛子等。

国际和平日　9月21日

　　追求和平是联合国的最高使命。1981年，联合国大会通过第36/67号决议，将每年联合国大会开幕的日子——9月第三个星期二定为"国际和平日"。2001年联大通过第55/282号决议，从2002年起将国际和平日改为每年的9月21日。大会宣布，国际和平日为全球停火和非暴力日，并呼吁所有国家和人民在这一天停止敌对行动。大会还号召所有会员国、联合国系统各组织、区域组织和非政府组织以及个人，通过教育和公众宣传等适当方式庆祝国际和平日并同联合国合作实现全球停火。

　　自国际和平日设立以来，每年联合国都会在这一天敲响和平钟，邀请艺术家和教育家等作为和平使者出席纪念活动。同时，各国政府、非政府机构、民间社会和宗教团体也会举办纪念活动庆祝这个日子。目前，国际和平日已在世界范围内得到2 000多个组织机构的支持。

　　多年来，包括联合国在内的国际社会为实现地区稳定和世界和平作出了不懈努力。目前，有超过11万来自120个国家的维和人员部署在世界各地的冲突地区，帮助发生战乱的国家或地区建立持久的和平与稳定。然而在世界范围内，战争、恐怖袭击、地区冲突等多种形式的暴力敌对活动依然存在，伊拉克战争、阿富汗战争、巴以冲突等大量冲突都造成了无数不必要的生命损失，

129

严重践踏了人权，并对教育、卫生、司法、经济等带来毁灭性的影响。人类实现真正和平的理想任重而道远。

2008年的国际和平日，联合国发起了一个发短信的运动。"9月21日是国际和平日，我在此呼吁世界各国领导人和人民为消除冲突、贫穷和饥饿，为人人享有人权，团结起来。"联合国秘书长潘基文呼吁人们共同参与，发出一个全世界人都能读到、听到和感受到的强有力的和平信号。

链　接

联合国维持和平行动

联合国维持和平行动是指在联合国安理会授权下使用非武力方式帮助冲突各方维持和平、恢复和平并最终实现和平的一种行动。

维和行动主要有两种形式：军事观察团和维持和平部队。1948年5月29日，联合国安理会通过决议，决定成立联合国停战监督组织，负责监督以色列与阿拉伯国家执行停战协定。这是联合国首次开展的维和行动。从那以来，联合国部署了63项维和行动。

维和是联合国的重要职能之一。它的目的是防止局部地区冲突的扩大或再起，从而为实现政治解决创造条件。维和行动的任务包括监督停火、停战、撤军；使冲突双方脱离接触；观察、报告局势；帮助执行和平协议；防止非法越界或渗透以及维持冲突地区的治安等。近年来，随着国际形势的变化，联合国维和行动的任务范围也有所扩大，涉及监督选举、全民公决、保护和分发

人道主义援助，以及帮助扫雷和难民重返家园等许多非传统性的工作。参与维和队伍的人员除了军事人员以外，还有民事警察和文职人员。

联合国和平使者

联合国和平使者多为各国艺术、文化、音乐和体育领域的杰出人士，他们通过参与各种公众活动，让世界各地的人们对联合国事业和理想有更深入的了解。

世界无车日　9月22日

　　1998年9月22日，法国一些年轻人提出"In Town，Without My Car!（在城市里没有我的车）"的口号，希望平日被汽车充斥的城市能获得片刻的清静。这个主张得到都市居民的热烈支持，成了全国性的运动。法国绿党领导人、时任法国国土整治和环境部长的多米尼克·瓦内夫人倡议开展一项"今天我在城里不开车"活动，得到首都巴黎和其他34个城市的响应。当日，首都巴黎市中心4个区1 020公顷范围内，禁止除警车和救护车以外的汽车通行。市府大楼前，活动组织者放置了200辆自行车，免费出借给行人。巴黎市政府还在南部兴建轻轨；改造道路，扩大公共汽车的专用通道，压缩私家车的行驶空间；增加自行车专用车道。另外，在巴黎350个地铁站旁将增设自行车服务站，出租和存放自行车。法国南特市在卢瓦尔河和埃德尔河试运行都市水路交通，用水上绿色河道替代部分地面交通。

　　1999年9月22日，法国、意大利、瑞士等国的150多座城市参加了"无车日"活动。2000年2月，欧盟委员会及欧盟的9个成员国确定9月22日为"欧洲无车日"。这是欧盟首次介入这一旨在改善城市空气质量、减少城市交通压力和改变城市交通观念的环保活动。同年9月22日，欧盟和欧洲其他一些国家的约800个城市参加了无车日活动。至今，全世界已有37个国家的近1 500个

城镇参与其中。

意大利南部城市那不勒斯的市政府决策者们别出心裁，规定凡无车日早晨不开汽车上班的市政府工作人员，每人可享受免费咖啡。在北部城市拉文纳，市政府对乘坐公交车上下班或外出办事的公民一律免票。在"汽车城"都灵，当地政府呼吁全市所有的中小学生22日改用自行车作为交通工具上学。商业重镇米兰当天举行了趣味性很强、以家庭为单位参加的骑自行车比赛活动。在首都罗马，市政府管理委员会的所有成员全都骑自行车上班，并倡议市民尽可能少用私家车；罗马第三大学组织了抽奖游戏，骑自行车到学校的老师和学生都有机会参加抽奖，奖品是3辆自行车。为减少空气污染和保护文物古迹，意大利政府在1997年出台的有关交通管理的改革方案，要求拥有300人以上的机构必须设专人负责雇员上下班的交通管理问题。单位要为上下班同路的雇员购买或租用班车，政府给予适当补贴，此外，还鼓励多人搭乘同一辆汽车上下班、减少一人一车现象。一些城市还使用大型客车来减少市内车流量。意大利政府已计划逐步用电动或天然气汽车取代传统用汽油做燃料的公交车。一些城市在较短的线路或公园内使用电动汽车。

阿尔巴尼亚政府总理纳诺、环境部长朱韦利和地拉那市长拉马在2003年的无车日，也身着运动服，加入骑自行车人的行列。驻阿尔巴尼亚外国使团及国际组织的代表也参加了地拉那的无车日活动。

我国也很快"引进"了无车日活动，2001年，成都成为中国第一个举办无车日活动的城市。2002年，中国台北也将无车日选在了9月22日。北京、上海、武汉等众多城市也开始开展无车日的宣传。

一则数据显示，驾驶一辆排量为1.6升的轿车，每天行驶里程在50公里左右，一年下来就是1.8万公里，以百公里10升的平均油耗计算，一年耗油就是1 800升。汽车被称为"城市杀手"，除了交通事故之外，污染更是无处不在。2005年我国机动车尾气排放在城市大气污染中的分担率将达到79%左右。世界银行估计，因空气污染导致的医疗成本增加以及工人生病丧失生产力使得中国GDP被抵消掉5%。倡导无车日，号召人们乘坐公交车、骑自行车或者就近步行，首先是人们对自身生活方式的一种反思。人们为了便于出行，获得更高的速度而买车；但私车越多交通越拥堵，我们反而失去了效率和速度。

世界无车日并不是要禁车，也不是让人们彻底离开车，而是通过各种各样的活动引发人们思考，换一个更节约的方式来生存和发展，就是要唤起民众对环境问题的重视。让我们恢复行走和活动的自由，来体味平静生活的快乐。

世界心脏日
9月的最后一个星期日

　　心脏是一个片刻不可以休息的器官，当人类生命开始在母体胚胎里孕育时，心脏就夜以继日地工作着。而各种心血管疾病的发生，使本来不堪重负的心脏雪上加霜，严重威胁着人类的健康和生命。在全世界，心血管病每年夺走1 750万人的生命，占全部死亡人数的30%，其中80%来自中低收入的国家和地区。每年心脏病发作和中风的幸存者至少有2 000万，他们当中多数人有很高的复发和死亡风险。高血压是引发心脏病和中风的主要原因之一。预计到2020年，心肌梗死和脑卒中将从目前死因的第5位与第6位上升至第1位和第4位，全球心血管病死亡率将增加50%。世界心脏联盟设立"世界心脏日"的目的是呼吁公众重视心脏疾病的危害和倡导健康的生活方式。

　　近年来，心血管患病人群的年轻化趋势越来越明显。40岁是个关口，死亡率多集中在30至50岁。妇女心血管疾病的死亡率高于男性。每年全球有800万妇女死于与心血管疾病有关的疾病，比乳腺癌死亡率高18倍。心血管疾病虽然死亡率高，但通过一些手段可以有效预防。专家指出，高血压、肥胖、吸烟、水果蔬菜食用不足和缺乏运动以及压力、焦虑、抑郁等是导致心血管疾病的主要危险因素。通过改变不良的生活习惯，倡导低脂饮食、经常锻炼、戒烟等健康的生活方式，另外适当地自我调节保持良好的心态，能在很大程度上降低心血管疾病发生的几率。为此，世界心脏联盟将世界心脏日的永恒主题定为"健康的心，快乐人生"，以呼吁人们摒弃不良的饮食习惯和不良嗜好，使人人都可以拥有一颗健康的心脏，人人都可以享受愉悦的生活。

世界心脏联盟与世卫组织合作在100多个国家组织世界心脏日活动。这些活动包括健康检查、有组织的步行、跑步和健身运动、公众会谈、舞台演出、科学论坛、展览、音乐会、表演会以及体育联赛等。我国世界心脏日活动从2002年开始。

链　接

世界心脏日历年主题

2003年：妇女、冠心病与中风

2004年：儿童、青少年与心脏病

2005年：远离肥胖，健康心脏

2006年：你的心脏有多年轻

2007年：健康家庭，和谐社会

2008年：了解您的危险因素

2009年：与心脏一起工作

2010年：改善工作环境，促进心脏健康

2011年：全球护心，家家齐心

有利于心血管健康的食品和运动

1. 有叶蔬菜，如：绿花椰菜、花菜、球芽甘蓝、卷心菜、芹菜等。

2. 具有鲜亮色素的蔬菜，如：菠菜、莴苣、红薯、南瓜、西葫芦、胡萝卜、红辣椒、黄辣椒、绿辣椒等。

3. 新鲜水果，如：苹果、桃子、葡萄、杏子、酱果、草莓、西红柿等。

4. 全谷类食物，如：含麸面粉做的面包、褐色糙米、燕麦片、爆玉米花等。

5. 用菜油、豆油或橄榄油做菜，可以降低血液中的饱和脂肪酸，防止血小板在体内凝结，防治心血管疾病。

6. 低脂肪或不含脂肪的乳制品，如：低脂或无脂牛奶、低脂乳酪、酸奶等。

7. 每星期至少吃两次深海鱼类，如：三文鱼、金枪鱼、马交鱼、沙丁鱼、剑鱼等。

8. 每星期至少吃三到四次豆类食品，如：豆浆、豆腐、豆腐干、鲜豆或干豆等。

坚持每天30分钟以上的耗氧运动，如快走、跑步、骑自行车、游泳、打球等，就能更有效地预防心血管疾病。研究显示，每周跑步1小时或更长时间可使患心脏病的风险降低42%；每天快走30分钟可使患心脏病的风险降低18%，并可使患中风的风险降低11%。步行上班是实现这一运动量的有效方法。

总结以上方法就是"迈开腿，管住嘴，不吸烟"。

137

世界旅游日　9月27日

世界旅游日，是由世界旅游组织确定的旅游工作者和旅游者的节日。1970年9月27日，国际官方旅游联盟（世界旅游组织的前身）在墨西哥城召开的特别代表大会上通过了将要成立世界旅游组织的章程。1979年世界旅游组织第三次代表大会正式将9月27日定为"世界旅游日"。选择这一天一是为了纪念通过世界旅游组织章程的日子，二是因为这一天恰好是北半球的旅游高峰刚过去、南半球的旅游旺季刚到来的相互交接时间。

随着人们生活水平的日益提高和交通运输业的不断发展，旅游已经成为人们重要的休闲方式之一。世界旅游组织的统计数字显示，2007年国际跨境旅游人数达到了创纪录的9亿人次，同比增长6.2%。旅游业的发展不仅给许多国家提供了大量的就业机会，而且还为它们带来了丰厚的外汇收入，2007年全球旅游收入高达8 000亿美元，各国政府因此越来越重视发展旅游业。据世界旅游组织预测，到2010年，全世界每年将有10亿多人出国旅游。

旅游业是许多国家经济发展的重要支柱，能源、水和自然资源等则是旅游业发展的基础。因此，地球气候变化对旅游影响巨大。此前曾有研究报告指出，世界经济中的6大行业将因为气候变化所导致的环境后果而进入"危险区"，这其中就包括旅游业。因此，世界旅游组织今后将把应对气候变化视为与减少贫困同等

重要的目标，鼓励世界各国调整各自的旅游战略和计划，采取行动减少碳排放和对环境的污染。

中国于1983年正式成为世界旅游组织成员。自1985年起，中国每年都确定一个省、自治区或直辖市为世界旅游日庆祝活动的主会场。

为了阐明旅游的作用和意义，加深世界各国人民对旅游的认识和理解，促进旅游业的发展，世界旅游组织从1980年起每年都为世界旅游日确定一个主题，各国旅游组织可根据设定主题并结合本国文化开展一系列庆祝活动。

国际音乐日　10月1日

　　1949年，联合国教科文组织创建了一个音乐机构，名叫"国际音乐委员会"，委会员的办事机构设在巴黎。全世界有50多个国家派代表参加了这个委员会。国际音乐委员会经常组织召开一些国际性音乐会议，举办各种类型的国际音乐比赛，并资助一些青年音乐家举行国际巡回演出等。1979年，在澳大利亚举行的国际音乐委员会第18届大会通过决议，从1980年起把每年10月1日定为"国际音乐日"(简称IMD)，并成立了国际音乐日组织。目的是努力使音乐成为人类生活的基本内容，让"音乐无处不在"，通过音乐把各国人民联合在一起。国际音乐日是各国音乐家进行国际性音乐文化交流的日子，世界上许多国家都在这一天举办音乐文化交流活动，进行各种音乐演出。国际音乐委员会每两年在这一天发奖一次，奖励那些在音乐创作、表演、音乐教育等方面有重大贡献的音乐家。

国际老年人日　10月1日

人口老龄化问题引起了国际社会的关注，联合国和许多国家如中国、日本、瑞典、法国等都组建了一些较为完善的老龄科研组织和机构，从自然科学和社会科学两个方面加强对老龄问题的综合研究。联合国于1982年在维也纳举行了第一届老龄问题世界大会，在以后16年的历届大会上都涉及了老龄化问题，并先后作出了一系列重大决议：《维也纳老龄问题国际行动计划》、《十一国际老人节》、《联合国老年人原则》。

1990年第45届联合国大会通过决议，从1991年开始，每年10月1日为"国际老年人日"。1992年第47届联大通过《世界老龄问题宣言》，并决定将1999年定为"国际老人年"，主题是"建立不同年龄人人共享的社会"。

第二次世界大战后，新生儿数量明显减少，人均寿命也从1950年的20岁上升到目前的66岁。这种双向发展使全球除少数非洲国家外，几乎所有国家的人口结构都趋于老龄化。据联合国有关规定，一个国家65岁以上的老年人在总人口中所占比例超过7%，或60岁以上的人口超过10%，便被称为"老年型"国家。

当前，在全世界190多个国家和地区中，约有60多个已进入"老年型"。目前中国60岁以上的老年人已达1.32亿，也即将进入"老年型"国家的行列。据估算，今后50年间，老年人数大概会

翻两番，到2050年，60岁以上的老龄人口总数将从6亿增加到近20亿人，占总人口20%，并将超过14岁以下儿童人口的总数。百岁老人将从2002年的约21万增长到320万。今天，每10个人中就有一个花甲老人。到2150年，世界人口的1/3预计会步入花甲之年。目前全球人口老龄化最严重的国家是意大利，老年人占总人口25%。如果目前的社会保障和福利政策不变，到下个世纪初，意大利政府的养老金支出将比现在增长5倍。

人口老龄化已成为当今世界的一个突出的社会问题。退休人口数量增加、人类寿命延长及少子化加速已使劳动力短缺，加重了劳动人口与整个社会的负担。以欧盟为例，2000年底，欧盟国家73%的劳动力养活27%的退休者，而到2050年，将由47%的劳动力养活53%的65岁以上的退休老人。亚洲国家日本目前大约6个在工作的人需抚养一位老人，到2025年，将由3人抚养1人。据人口专家预计，到2030年，西方7个主要工业化国家65岁以上人口将占全部人口的22%。日本、美国和德国60岁以上的老人人数40年后将会翻一番。在发达国家中，日本老龄人口的增长速度为德国的2倍，美国的7倍。这个20年前世界上年轻化的工业国到本世纪末将成为最老龄化的国家。人口迅速老化已使日本劳动力短缺，日本政府不得不鼓励已退休的老人继续工作。

但同时老年人也是容易被遗忘和孤立的社会特殊弱势群体，从而使老年人与家庭和社会各事务脱节。在发达国家，诸如孤独、无所事事和思想与信仰空虚等问题困扰着老年人，在此方面，世界各国的政府和非政府组织应加强相互间的合作关系，切实为老年人的晚年生活创造一个舒心的环境。

世界动物日　10月4日

　　这一天是举世同庆人类朋友的节日，源自19世纪意大利修道士弗朗西斯的倡议。他长期生活在阿西西岛上的森林中，热爱动物并和动物们建立了"兄弟姐妹"般的关系。他要求村民们在10月4日这天"向献爱心给人类的动物们致谢"。

　　弗朗西斯为人类与动物建立正常文明的关系做出了榜样。后人为了纪念他，就把10月4日定为"世界动物日"，自20世纪20年代开始，每年的这一天，人们都在世界各地举办各种形式的纪念活动。

　　爱护动物已成为目前世界十大环保工作之一。中国从1997年开始纪念世界动物日。

世界人居日
10 月的第一个星期一

  大大小小的城市，像一颗颗珍珠散落在地球上，尽管新旧不一，风情各具，但人居问题却是世界范围内每个城市普遍存在的问题。随着各国城市化进程加快，大量农村人口向城市迁移，城市规模快速膨胀，人们的居住环境也在人口迅速增长所造成的压力下不断恶化，人居问题便越来越受到人们的关注。在许多国家，尤其是发展中国家，为城市人口提供足够的住房、水、电、卫生医疗等基本设施和服务的压力越来越大。人居问题日益严重引发了贫民区大量出现、城市犯罪率上升等一系列问题。全世界有40%~50%的城市居民居住在贫民窟中；整个人类住区（城镇和乡村）有10多亿人缺少住房或居住条件十分恶劣，至少有1亿人无家可归，有6亿人生活在各种危害健康和生命的境况中。

  面对人类居住区的种种挑战，为了唤起各国政府和全社会对解决人居问题的重视，号召全世界为人居发展作出努力，1982年第37届联合国大会在确定1987年为"无家可归者收容安置国际年（国际住房年）"后，1985年12月17日，第40届联大一致通过决议，确定每年10月的第一个星期一为"世界人居日（世界住房日）"。为便于宣传和推广，联合国每年都结合现实情况，确定年度活动主题。从 1989 年起，联合国还创立了"联合国人居奖"，以表彰为改善人们居住环境而做出杰出贡献的政府、组织及个人。

链　接

世界人居日历年主题

1986 年：住房是我的权利

1987 年：为无家可归者提供住房

1988 年：住房和社区

1989 年：住房、健康和家庭

1990 年：住房和城市化

1991 年：住房和居住环境

1992 年：持续发展住房

1993 年：妇女与住房发展

1994 年：住房与家庭

1995 年：住房——邻里关系

1996 年：城市化、公民的权利与义务和人类团结

1997 年：未来的城市

1998 年：更为安全的城市

1999 年：人人共有的城市

2000 年：妇女参与城市管理

2001 年：没有贫民窟的城市

2002 年：开展城市间的合作

2003 年：保障城市的用水与卫生

2004 年：城市——农村发展的动力

2005年：千年发展目标与城市

2006年：城市——希望之乡

2007年：安全的城市，公正的城市

2008年：和谐城市

2009年：规划我们的城市未来

2010年：城市，让生活更美好

2011年：城市与气候变化

世界邮政日　10月9日

1874年10月9日，22个国家的代表签署了第一个国际性的邮政条约《伯尔尼条约》，"邮政总联盟"自此诞生。由于加盟国家迅速增加，"邮政总联盟"于1878年正式更名为"万国邮政联盟"，并从1948年起成为联合国的一个专门机构，总部设在瑞士首都伯尔尼。为纪念万国邮政联盟的创立，1969年在日本东京召开的第16届万国邮政联盟大会通过决议，将每年的10月9日确定为万国邮联日。1984年，在德国汉堡召开的第19届万国邮政联盟大会又通过决议，将万国邮联日更名为"世界邮政日"。

设立世界邮政日的目的是向各会员国主管部门和广大公众宣传邮政在各国文化、经济和社会发展中的重要作用及万国邮政联盟的工作和取得的成就，以促进邮政业务在全世界的发展。

万国邮政联盟现有成员190个（2004年9月）。中国于1914年加入万国邮联。中国曾于1999年8月23日至9月15日成功举办了第22届万国邮政联盟大会。2004年第23届万国邮政联盟大会上，中国政府推荐的候选人黄国忠当选为万国邮政联盟国际局副总局长。这是中国乃至亚太地区候选人首次当选这一联合国专门机构的高层领导职务。

邮政业务涉及千家万户，通达五湖四海，"情系万家，信达天下"已经成为各国政府和邮政运营企业共同追求的目标。短短一

147

个半世纪里，世界邮政事业有了飞速的发展。据万国邮联的统计，目前全世界邮政每年投递的国内信函4 130亿封，国际信函86亿封，邮包34亿件。平均每天投递国内信函11亿封，国际信函2 400万封，邮包1 000万个。全世界共设有邮局77万个，邮政信箱300万个，邮政职工总数590万人。全球邮政成为世界上分布最广的一个传递网络。

随着社会、经济和科学技术的不断发展，用户对邮政的要求越来越高，传统邮政面临着互联网、电子邮件等新一代通信方式的挑战。挑战同时也给邮政提供了发展的机遇，各国邮政部门正采取措施，努力适应环境变化，不断开发新的服务项目和产品，同时改善邮政服务的时效和质量，吸引顾客，开拓市场。

每年世界邮政日，万国邮联国际局围绕宣传主题用包括中文在内的七种文字印制一幅宣传画，分发给各国广为张贴。邮联国际局总局长每年就世界邮政日发表贺辞。各国邮政部门利用世界邮政日的机会，通过广播、电视、报刊等多种方式开展广泛的宣传活动。我国自1981年起开展世界邮政日宣传纪念活动。

世界精神卫生日
10月10日

　　1991年，尼泊尔提交了第一份关于"世界精神卫生日"活动的报告。随后，许多国家将10月10日作为特殊的日子：提高公众对精神疾病的认识。1992年世界心理卫生联合会、世界精神病学协会共同发起，世界卫生组织确定每年的10月10日为"世界精神卫生日"，以促进对精神疾病进行更公开的讨论，鼓励人们在预防和治疗精神疾病方面进行投资。

　　精神疾病是在各种生物学、心理学以及社会环境因素影响下人的大脑功能失调，导致认知、情感、意志和行为等精神活动出现不同程度障碍的疾病。世界卫生组织发表的《2001年世界卫生报告》说，目前全世界共约有4.5亿各类精神和脑部疾病患者，有1.54亿人患有抑郁症，每4个人中就有1人在其一生中的某个时段产生某种精神障碍。发展中国家存在精神障碍的病人中，75%以上未能获得任何治疗和护理；非洲90%的癫痫病人连每人每年5美元的低价治疗药物都得不到。在大多数国家，只有不到2%的卫生保健资金用于精神卫生。每年有1/3的精神分裂者、半数以上的抑郁症患者和3/4的滥用酒精导致精神障碍者无法获得简单、可负担得起的治疗或护理。全球每40秒钟就有一人死于自杀。

目前，我国各类精神病的患病率已达13.47‰。据我国12个地区精神疾病流行病学最新调查显示，目前全国约有严重精神疾病患者1 600万人，其中每年约有25万人死于自杀。精神疾病总负担已跃居各类疾病之首。儿童行为问题、学生心理卫生问题、老年性痴呆和抑郁、药品滥用、自杀以及重大灾害后心理危机等问题也明显增多，精神卫生问题已经成为重大的公共卫生问题和突出的社会问题。

随着现代社会生活节奏越来越快，生活压力增大，轻度的精神疾病如抑郁症、孤独症、焦虑症等心理障碍病人像感冒一样普遍。但目前我国精神疾病患者接受治疗的人数只占全部病人的20%，八成病人缺乏治疗。在我们的生活中，"精神病患者"是个会让人绷紧神经的词，人们总是带有各种偏见地惟恐躲之不及，精神类疾病患者也经常成为相声小品等搞笑类文艺节目的包袱和笑料。事实上，精神病人分很多种，绝大部分没有攻击性，不会对他人造成危害。全社会应该从人性化的角度关怀精神病的患者，这需要改变过去的陈旧观念，精神疾病患者应该同普通人一样，受到社会的欢迎和尊重，他们应该拥有同普通人一样的学习、就业、恋爱和组建家庭的权利。

链　接

早期识别精神疾病

1.性格改变：如原来热情合群的人变得对人冷淡，与人疏远、孤僻不合群，寡言少语，好独处，躲避亲友并怀敌意，生活懒散，不守纪律。或原来很有教养的人变得出言不逊，好发脾气，对人

无礼。

2.神经症症状：如头痛、失眠、易疲劳、注意力不集中、情绪不稳、工作学习能力下降以及癔症样表现等。

3.情感改变：早期的情绪变化常表现为情绪高涨、洋洋自得、趾高气扬、管闲事、说大话、夸夸其谈、做事有始无终、发脾气，或情绪低落、郁郁寡欢、愁眉不展、唉声叹气、自责自罪、悲观厌世甚至出现自杀行为，或情绪波动、焦虑、缺乏适应的情感交流等，或对镜自我欣赏、自言自语、无故哭笑等。

4.行为改变：有的表现为奇怪动作和行为，动作增多、呆板重复，无目的性；有的举止迟缓、生活懒散、不能工作和料理家务；有的收集一些无意义的物品，甚至随身携带一些果皮、废纸等不必要的东西；有的反复洗涤或表现刻板仪式样动作等。

世界精神卫生日历年主题

1996年：积极的形象，积极的行动

1997年：女性和精神卫生

1998年：人道主义和精神卫生

1999年：精神卫生和衰老

2000年：健康体魄＋健康心理＝美好人生

2001年：行动起来，促进精神健康

2002年：精神创伤和暴力对儿童的影响

2003年：抑郁影响每个人

2004年：儿童、青少年精神健康：快乐心情，健康行为

2005年：身心健康、幸福一生

2006年：健身健心，你我同行

2007年：健康睡眠与和谐社会

2008年：同享奥运精神，共促身心健康

2009年：行动起来，促进精神健康

2010年：沟通理解关爱，心理和谐健康

世界自闭症日

根据联合国大会2007年12月通过的决议，从2008年起，每年的4月2日被确定为世界自闭症日，以提高人们对自闭症的认识和关注儿童自闭症。

自闭症是一种大脑广泛性发育障碍性疾病，病因尚无定论，目前主要有神经系统损伤、脑的特定部位功能低下、多巴胺系统缺陷、遗传、病毒感染和免疫缺陷等10余种观点和假说。主要临床症状为社交障碍、言语发展障碍、兴趣范围狭窄及行为方式怪异等。自闭症的概念由美国约翰斯·霍普金斯大学专家莱奥·坎纳于1943年首次提出，也称孤独症，与唐氏综合征等疾病不同，它不会影响患者的面容，因此自闭症患者容貌与正常人没有区别。发病高峰期为1~3岁，多为男孩。据卫生部门统计，目前全世界儿童自闭症发病率为2‰~6‰，且正以每年10%~14%的速度递增。迄今为止，我国已发现180万名自闭症患儿。

现代医学手段还不能从根本上治愈自闭症。专家说，2~6岁是自闭症最佳治疗时机，越早治疗越好。目前针对自闭症的治疗方法主要有行动疗法、药物疗法、食物疗法和心理疗法。专家提醒，家长一旦发现婴幼儿出现语言、行动等方面障碍，应及时带其就医。如不及时进行治疗，患儿甚至会退化到像小动物一样，不愿与人交流，没有任何情感。

世界预防自杀日

从世界范围看，目前每年估计有100多万人死于自杀，而自杀未遂的人数则可能是自杀死亡者的10～20倍。在中国，自杀是全部死亡人口的第五位、15～34岁人群的首位死因，每两分钟就有一人自杀身亡，每年有28.7万人自杀，约200万人自杀未遂。面对激烈的社会竞争和快速的生活节奏，每个人都有可能承受不了而出现自杀行为。自杀行为，不仅是自杀未遂者终身难忘的痛苦经历，而且使自杀死亡者的亲友受到严重的、持久的心理伤害。据世界卫生组织的估算，每年与自杀有关的经济损失高达数十亿美元。2003年的9月10日首次被世界卫生组织和国际自杀预防协会共同定为"世界预防自杀日"。

灾民、青少年、老年人和某些特殊高危职业者(如消防、救援人员)是自杀的高危人群。如：北川县官员董玉飞自杀事件引起广泛关注。董玉飞具有灾民和基层干部双重身份，自从汶川大地震以来，一直长时间、高强度、超负荷地参与救灾复产工作，同时又承受着亲人死亡的悲痛，精神状态从亢奋到焦虑到抑郁，最终自杀。还有应对挫折的心理抗压能力较低的青少年，正处在人生发展的困难时期，因为身体发育太快，心理发育却滞后，而此时他们又开始步入社会，对于各类挑战和压力还不能充分适应，且容易受到感情的困扰，情绪波动大，也易导致自杀行为。

国际减灾日
10 月的第二个星期三

1987 年 12 月，第 42 届联合国大会通过第 169 号决议，将从 1990 年开始的 20 世纪最后十年定为"国际减灾十年"。1989 年 12 月，第 44 届联大通过决议，指定每年 10 月的第二个星期三为"国际减灾日"。国际减灾十年活动结束后，联大通过决议，决定继续开展国际减灾日活动。确立国际减灾十年和国际减灾日的目的，是唤起人们对防灾减灾工作的重视，敦促各国把减轻自然灾害列入工作计划，推动各国采取措施减轻自然灾害的影响。

自然灾害对人类造成了巨大危害。2008 年，在世界范围内，自然灾害再度频繁发生，包括缅甸遭热带风暴袭击、中国汶川地震、美国和印度遭遇洪水、非洲面临旱灾等。此外，受全球气候变化影响，自然灾害将更加难以应对。根据联合国 2008 年公布的一份报告，全球一些地区在今后几十年中面临着与气候变化相关的干旱、洪水、热带风暴等自然灾害的严重威胁，其中东南非、南亚和东南亚地区的风险最高。最贫穷国家和缺乏抗灾经验的国家将成为气候变化最大的受害者。因此，从长远来看，全球防灾和减灾形势不容乐观，各国依然任重道远。

面对自然灾害许多国家采取应对措施。中国政府成立了国家

级减灾十年委员会，初步形成了全民综合减灾的运行机制和工作体制。美国1964年遭受过海啸袭击，随后迅速建立了海啸预警机制。1965年起，美国倡导成立太平洋海啸预警系统，由美国、中国、日本、澳大利亚等26个环太平洋国家参与。

国际减轻自然灾害十年国际行动纲领首先确定了行动的目的：透过一致的国际行动，特别是在发展中国家，减轻由地震、风灾、海啸、水灾、土崩、火山爆发、森林大火、蚱蜢和蝗虫、旱灾和沙漠化以及其他自然灾害所造成的人身财产损失和社会经济的失调。目标是：增强每一国家迅速有效地减轻自然灾害影响的能力。

链接

国际减灾日历年主题

1991年10月9日：减灾、发展、环境——为了一个目标

1992年10月14日：减轻自然灾害与持续发展

1993年10月6日：减轻自然灾害的损失，要特别注意学校和医院

1994年10月12日：确定受灾害威胁的地区和易受灾害损失的地区——为了更加安全的21世纪

1995年10月11日：妇女和儿童——预防的关键

1996年10月9日：城市化与灾害

1997年10月8日：水：太多、太少——都会造成自然灾害

1998年10月14日：防灾与媒体——防灾从信息开始

1999年10月13日：减灾的效益——科学技术在灾害防御中保护了生命和财产安全

2000年10月11日：防灾、教育和青年——特别关注森林火灾

2001年10月10日：抵御灾害，减轻易损性

2002年10月9日：山区减灾与可持续发展

2003年10月8日：面对灾害，更加关注可持续发展

2004年10月13日：减轻未来灾害，核心是如何"学习"

2005年10月12日：利用小额信贷和安全网络，提高抗灾能力

2006年10月11日：减少灾害从学校抓起

2007年10月10日：减灾始于学校

2008年10月8日：减少灾害风险，确保医院安全

2009年10月7日：让灾害远离医院

2010年10月14日：建设具有抗灾能力的城市：让我们做好准备

2011年10月13日：让儿童和青年成为减少灾害风险的合作伙伴

世界标准日　10月14日

　　1946年10月14日，来自25个国家的代表在伦敦开会决定创建一个"旨在促进工业标准的国际间协调和统一"新的国际组织，即国际标准化组织ISO（于1947年正式开始运作），是由各国际标准化团体（ISO成员团体）组成的世界性联合会。制定国际标准的工作通常由ISO的技术委员会完成，各成员团体若对其技术委员会确立的项目感兴趣，均有权参加该委员会的工作。

　　1969年9月国际标准化组织理事会发布的第1969／59号决议，决定把每年的10月14日定为"世界标准日"，并鼓励ISO成员在各自国家内庆祝这个日子，规模越大越好。1970年10月14日举行了第一次世界范围的庆祝世界标准日的活动。此后，每年的这一天，就成了各国标准化工作者开展宣传标准化，举行纪念活动的盛大节日。

　　世界标准日的目的是提高对国际标准化在世界经济活动中重要性的认识，以促进国际标准化工作适应世界范围内的商业、工业、政府和消费者的需要。这个国际节日是献给全世界成千上万从事标准化工作的志愿者的礼物。

　　我国自从1978年重新进入ISO以后，每年世界标准日，全国各大、中城市都要举办各种形式的报告会、座谈会和纪念会，紧密结合ISO当年世界标准日的宣传主题，广泛宣传标准化活动在

人类社会发展中的重要作用，提高人们的标准化意识。

标准是一种世界各地各种业务用以开发产品、服务和相关体系的技术语言，在这种语言基础上所生产的产品或所产生的服务无论在任何地方都应具有相同的质量。制定标准的目的是为了实现诸如保证生产安全和质量等各种目标，其核心目的是通过确定一系列的技术参数为各地生产产品、提供服务和相关体系建立一个技术基础。

世界上主要的三大标准化国际组织分别是国际标准化组织(ISO)、国际电工委员会（IEC）和国际电信联盟（ITU），它们负责为国际市场制定并发布标准与建议书、确定世界标准日主题。这三大标准化组织的共同目标是：帮助世界各国实现真正意义上的全球贸易。

链　接

世界标准日历年主题

1991年：劳动安全

1992年：国际标准：打开市场的关键

1993年：全球标准使信息处理得更好

1994年：标准与消费者：一个更加美好世界的伙伴

1995年：一个移动着的世界

1996年：呼唤服务标准

1997年：世界贸易需要国际标准

1998年：标准在日常生活中

1999年：耸立在建筑上的标准

2000 年：国际标准促进和平与繁荣

2001 年：环境与标准紧密相连

2002 年：一个标准 一次检验 全球接受

2003 年：为全球信息社会制订全球标准

2004 年：标准连着世界

2005 年：标准使世界更安全

2006 年：标准为小企业创造大效益

2007 年：标准造福人与社会

2008 年：标准与智能绿色建筑

2009 年：标准应对气候变化

2010 年：标准让世界更畅通

2011 年：国际标准树立全球信心

世界粮食日　10月16日

　　1979年11月举行的第20届联合国粮食及农业组织（简称联合国粮农组织FAO）大会决定：把每年10月16日（粮农组织创建纪念日）定为"世界粮食日"，以引起人们对全球粮食短缺问题的重视，敦促各国采取行动增加粮食生产，与饥饿和营养不良作斗争。每年世界粮食日，包括粮农组织在内的国际机构、各国政府及民间组织都要开展各种宣传与纪念活动。

　　"民以食为天"，粮食在整个国民经济中始终具有不可替代的基础地位。现在世界上究竟有多少人在挨饿？FAO自创立以来，不定期地进行了5次"世界粮食调查"。从这些调查得出的结论是：饥饿不但没有消除，反而在不断扩大。1972年，由于连续两年气候异常造成的世界性粮食歉收，出现了世界性粮食危机。联合国粮农组织于1973年和1974年相继召开了第一次和第二次粮食会议，以唤起世界，特别是第三世界国家注意粮食及农业生产问题，但是世界粮食形势更趋严重。关于设立"世界粮食日"的决议正是在这种背景下作出的。

　　1981年10月16日第一个世界粮食日，世界各国的重视盛况空前。全世界有150个国家举办了大规模的庆祝活动；60多个国家发行了120多种以世界粮食日为主题的纪念邮票，还有33个国家铸造了60多种纪念币，数量达2亿枚。显示出世界人民对粮食和

农业问题的关心。有的国家首脑在这一天发表演讲，有的国家举行纪念会或发表纪念文章，有的国家科研机构发表粮食和农业科研成果，举办科学讨论会等，以提高人们对粮食以及粮食引发的一系列问题的重视和研究。

粮食是人类赖以生存的重要物质基础，是人类文明得以发展的先决条件。然而，由于全球人口数量不断增长、可耕地面积逐年减少、地区发展不平衡等因素，世界农业和粮食生产形势十分严峻。食品类的CPI是很多国家最关注的一个数据。粮农组织指出，目前全球变暖和生物燃料的迅猛发展已对全球粮食生产和库存构成新的挑战，粮食供应也因此受到影响，导致全球饥饿人数持续增长。其中，最贫困地区受到的影响最大。

马尔萨斯于1798年发表《人口论》，提出人口增长将超过生活资料生产的观点。1968年，保罗·爱赫利奇发表了《人口炸弹》；1972年，罗马俱乐部发表了《增长的极限》，这两部著作都进一步表示担心说，无限制的人口增长将导致大规模的饥荒。20世纪70年代末，美国华盛顿世界观察研究所的莱斯特·布朗说，世界各地的农场主和农民已经用尽了能够提高产量的办法，但稻谷和小麦的产量正开始下降。在亚洲的其他地区，水稻研究人员20多年来也未能大幅度地提高作物产量。目前世界人口正以每年9 100万的速度增长，地球提供给人们"足够"粮食的局面还能维持多久，许多人正以焦虑的心情在进行研究。

世界粮食日历年主题

1983年：粮食安全

1984年：妇女参与农业

1985年：农村贫困

1986年：渔民和渔业社区

1987年：小农

1988年：乡村青年

1989年：粮食与环境

1990年：为未来备粮

1991年：生命之树

1992年：粮食与营养

1993年：收获自然多样性

1994年：生命之水

1995年：人皆有食

1996年：消除饥饿和营养不良

1997年：投资粮食安全

1998年：妇女养供世界

1999年：青年消除饥饿

2000年：没有饥饿的千年

2001年：消除饥饿，减少贫困

2002年：水：粮食安全之源

2004年：生物多样性促进粮食安全

2003年：关注我们未来的气候

2005 年：农业与跨文化对话

2006 年：投资农业促进粮食安全以惠及全世界

2007 年：食物权

2008 年：世界粮食安全：气候变化和生物能源的挑战

2009 年：应对危机，实现粮食安全

2010 年：团结起来，战胜饥饿

国际消除贫困日
10月17日

国际机构的调查结果显示，贫困在非洲每天使超过6 000人失去生命，每年世界约有1亿儿童因贫困而失学，每年约有525 000位母亲因难产或缺乏必要的卫生医疗条件死亡，贫困还使超过2亿儿童被迫成为童工。

根据联合国最新一次调查结果表明，世界约30亿城市居民中有10亿人居住在贫民窟里。目前可以预料，50年后居住在贫民窟里的人数将增长300%。如今，在第三世界国家仍可以看到大批农民涌向城市，导致贫民窟的规模不断扩大，同时也使失业、疾病、饥饿和各种社会问题日益严重。

贫困是"无声的危机"，不仅严重阻碍了贫穷国家的社会和经济发展，也是当前地区冲突不断、恐怖主义蔓延和生态环境恶化等问题的重要根源之一。

1987年10月17日，10万多人聚集在《世界人权宣言》的签署地巴黎特罗卡德罗广场。他们宣称贫困是对人权的侵犯，并承诺将携手保护贫困人群的人权。此后，每年的10月17日，人们都举行相关活动，表达他们对贫困人群的关注和声援。1992年12月22日，第47届联合国大会决定将每年的10月17日确定为"国际

164

消除贫困日"，并确定 1996 年为"国际消除贫困年"，1997 年至 2006 年为"国际消除贫困十年"，以引起人们对贫困问题的重视，推动全球消除贫困工作。

目前，世界上仍有超过 10 亿的绝对贫困人口生活在每人每天 1 美元标准之下。很多人甚至每天以不足半美元的水平过活，忍饥挨饿。大约 8 亿人处于食物不安全状态，或者因为食不果腹而不能正常劳动、健康生活。2000 年确立的联合国千年发展目标提出要在 2015 年之前将全球贫困水平降低一半。在各国和国际组织的努力下，全球消除贫困工作取得进展，但依然任重道远。根据联合国 2008 年 9 月发布的一份报告，1990 年至 2005 年，世界极端贫困人口总数从 18 亿减少到 14 亿，到 2015 年可能会减少到 9 亿。但是，贫困人口减少较多的地区主要集中在东亚，特别是中国，而其他地区的贫困人口减少幅度要低得多。据公开信息描述，中国主要分布于农村的贫困人口，1978 年有 2.5 亿，1985 年减至 1.25 亿，1993 年再减至 0.8 亿，2000 年还剩 0.3 亿，现有 0.261 亿。农村绝对贫困人口从 1978 年占农村总人口的比重的 30.7％下降到 2007 年的 1.6％。而在撒哈拉以南非洲地区和独联体国家，贫困人口人数不降反升。此外，国际社会消除贫困的努力还正面临诸如能源和食品价格上涨及全球经济滑坡等新的挑战，前景不容乐观。

链　接

贫困定义

贫困源于对未满足的需求的审视，是一个十分复杂的问题，按照经济学的一般理论，贫困是经济、社会、文化贫困落后现象

的总称。但首先是指经济范畴的贫困，即物质生活贫困，可定义为一个人或一个家庭的生活水平达不到一种社会可以接受的最低标准。贫困的存在有着历史与现实的双重原因，因而，贫困又是一个历史性的范畴。根据不同的划分标准，贫困可以分为不同的类型。如绝对贫困和相对贫困，生存型贫困、温饱型贫困和发展型贫困，区域型贫困和个体型贫困，城市贫困和农村贫困，狭义贫困和广义贫困等。

1998年诺贝尔经济学奖获得者阿玛蒂亚·森认为，贫困的真正含义是："指贫困人口缺少创造收入的能力和机会，意味着贫困人口缺少获取和享有正常生活的能力!"

朗特里和布思在1901年撰文认为："对于个人、家庭的生存及幸福需要一定数量的货物和服务，缺乏获得这些物品和服务的经济资源或经济能力的人和家庭的生活状况，即为贫困。"

国际消除贫困日历年主题

2006年：共同努力，摆脱贫困

2007年：贫困人口是变革者

2008年：贫困人群的人权和尊严

2009年：儿童及家庭抗贫呼声

2010年：缩小贫穷与体面工作之间的差距

联合国日　10月24日

　　"联合国"这一名称是美国总统富兰克林·罗斯福设想出来的，太平洋战争爆发以后，美国总统罗斯福和英国首相丘吉尔为加强所有反法西斯国家的统一行动，拟定了一个各国共同遵守的原则，并征得了前苏联的赞同，1942年1月1日，正在对德、意、日法西斯作战的中、美、英、苏等26国代表在华盛顿发表了《联合国宣言》。当时，联合国只是作为对德、意、日法西斯进行战争的各国的总称。

　　1945年4月25日，来自50个国家（波兰因故未参加）的280多名代表和 1 700多名顾问、专家及记者聚集一堂，在美国旧金山召开联合国国际组织会议。经过两个多月的讨论，起草了《联合国宪章》。6月25日，代表们在旧金山歌剧院一致通过了《联合国宪章》，中国代表团第一个签字。签署宪章的51个国家（其后波兰也在宪章上补签），成为联合国的创始会员国。同年10月24日，中、法、苏、英、美和其他多数签字国递交批准书后，宪章开始生效，联合国正式成立。

　　1947年，联合国大会决定，把10月24日——《联合国宪章》生效的日子定为"联合国日"。联合国日是联合国系统最重要的节日，每年都要在其各分支机构的会议中心举行大规模的庆祝活动。世界各国也都在这一天举行关于联合国成就和目标的会议、讨论和展览等，通过长跑比赛、摄影艺术展、美食节和文艺演出等多种形式庆祝联合国成立。

联合国总部设在美国纽约。《联合国宪章》共分19章111条，充分表达了使人类不再遭受战祸的决心，规定了联合国的宗旨、原则、权利、义务及主要机构职权范围等。联合国的常设核心机构是安全理事会，它有权根据《联合国宪章》采取必要的措施与行动，美、英、中、苏、法为安理会的常任理事国。安理会在决定重大问题时，采取5个常任理事国一致的原则，即5个常任理事国都享有否决权。60多年来，联合国历经国际风云变幻，在实现全球非殖民化、维护世界和平与安全、促进人类社会和经济发展等方面取得了令人瞩目的成就。如今，联合国的会员国已由创建时的51个增加到192个，是当今由主权国家组成的最具普遍性和权威性的政府间国际组织。

链　接

三个联合国城

纽约

美国纽约最繁华的曼哈顿区东河之滨，有一块7.29公顷的土地，是一块"国际领土"——联合国总部，由联合国警察守卫着。

日内瓦

瑞士日内瓦是第二个联合国城所在地，全称"联合国日内瓦办事处"，也叫"联合国欧洲总部"，俗称"万国宫"。包括阿里安

168

纳公园在内，总面积为25公顷。这里及日内瓦市内其他地方，共设有200多个联合国所属专门机构、代表机构和其他一些国际组织。

维也纳

1974午，联合国大会决定将奥地利首都维也纳列为第三个"联合国会议城市"。奥地利政府组织施工，历时6年，于1979年正式建成了一座崭新的联合国城，并以象征性的租金奥币一光令（约合人民币一角多）租给联合国使用，租期为99年。

万圣节　10月31日

在西方国家，每年的10月31日，为"Halloween"，辞典解释为"The eve of All Saints' Day"，中文译作"万圣节之夜"。万圣节是西方国家的传统节日。这一夜是一年中最"闹鬼"的一夜，也称"鬼节"。

传说公元前500年，居住在爱尔兰、苏格兰等地的凯尔特人认为，10月31日这一天是夏天正式结束、严酷的冬季开始的日子。凯尔特人非常害怕10月31日的夜晚，因为他们觉得这晚会有邪恶灵魂潜伏在四周。那时他们相信，亡魂会在这一天回到故居，在活人身上找寻生灵借此再生，而活着的人则惧怕死魂来夺生。于是人们就在这一天夜里熄掉炉火、烛光，让死魂在黑暗中无法找寻活人，同时又打扮成各种妖魔鬼怪的模样，想凭借可怕的伪装将恶灵妖魔吓走，之后，他们重新将火种烛光燃起，开始新的一年的生活。到了公元1世纪，占领了凯尔特部落领地的罗马人也渐渐接受了万圣节习俗，并将罗马人庆祝丰收的节日与凯尔特人的仪式结合，人们在这一天戴着可怕的面具，打扮成动物或鬼怪，想要赶走在他们四周游荡的妖魔。这也就是今天全球大部分人在万圣节这一天，做古灵精怪的打扮的由来。

关于万圣节由来的另一种版本认为它是源于古代西欧国家的德鲁伊特人。当时他们主要居住在今天的爱尔兰、苏格兰和威尔

士等地。德鲁伊特人的新年为11月1日，新年前夜，年轻人集队游走于乡间——他们戴着各种怪异的面具，拎着刻好的萝卜灯（今天万圣节中的南瓜灯系后期习俗，古代西欧是没有南瓜的）。这在当时实则为一种秋收的庆典。也有"鬼节"的说法，传说当年死去的人，灵魂会在万圣节的前夜造访人世，人们要让造访的鬼魂看到圆满的收成并对鬼魂热情款待。所有篝火及灯火，一来为了吓走鬼魂，同时也为鬼魂照亮路线，引导其回归。

时间流逝，万圣节的意义逐渐起了变化，死魂返世或找替身的说法渐渐被摒弃和忘却，节日中喜庆的意味成了主流。今天，人们以极大的热情来庆祝这一节日，他们将万圣节看作尽情玩闹、讲鬼故事和互相吓唬的好机会，万圣节已经变成一年中最流行和最受欢迎的节日之一。

象征万圣节的形象和图画，如巫婆、黑猫等，大都有着友善可爱和滑稽的脸。而万圣节的标志性象征，就是咧着大嘴笑眯眯的南瓜灯了。用南瓜雕空当灯笼这一万圣节传统，起源于爱尔兰一个古老的传说。传说有一个爱恶作剧的酒鬼名叫杰克（Jack），一天晚上杰克将魔鬼骗上树，然后在树干上刻了十字架，让魔鬼没办法下来。魔鬼不得不向杰克哀求，杰克趁机和他约定，让他保证以后再也不引诱杰克做坏事，随后才让他下树。杰克死后，因为生前非常吝啬而无法升上天堂，又因嘲弄过魔鬼而不能进入地狱。他的灵魂只能在天地间徘徊，于人世里漫无目的地游荡，仅靠一根小蜡烛为自己取暖。传说中，这根小蜡烛是在一根挖空的萝卜里放着，称作"杰克灯"（Jack Lanterns）。旧时爱尔兰没有南瓜，孩子们用萝卜和土豆制作杰克灯，而当爱尔兰人到了美国不久，便发现南瓜无论从来源还是雕刻方面来讲都比萝卜胜一筹，于是南瓜便成了万圣节的宠物。南瓜是橘黄色的，所以橘黄色也成了万圣节的传统颜色。

如今万圣节的一个最有趣的传统是"Trick or treat"，即"不请吃就捣蛋"，指万圣节时孩子们挨家逐户索要糖果等礼物，如不遂愿便恶作剧一番的风俗。这习俗始于9世纪的欧洲教会，当时信徒们会于11月2日在乡间乞讨面粉和葡萄干制成的"灵魂之饼"。捐赠的人家想借助信徒们的祈祷得到上帝的庇佑，使去世的亲朋早日进入天堂。这一传统发展到今天便演变成了孩子们热衷的"Trick or treat"。万圣节的夜里，孩子们兴致勃勃地换上爸爸妈妈的旧衣服、旧鞋子，戴上千奇百怪的面具结伴外出，每人手里更少不了一盏"杰克灯"，灯内的蜡烛点燃后，人们在远处便可以看到这些憨态可掬的南瓜笑脸。孩子们每走到一家邻居门口，都会按门铃然后大声叫道："Trick or treat!"威胁屋里的大人，如果不给他们糖果礼物，他们就会捣蛋搞破坏。屋里的人这时应该出来，辨认并点评孩子的化装扮相，更重要的是把糖果、零钱放进他们的口袋。如果遇到没人应答门铃甚至把孩子们赶走的情况，那么这些孩子便会按照"传统"用一块肥皂把这家的玻璃涂得乱七八糟，或把他们家的猫涂上颜色。这些小恶作剧令大人们啼笑皆非。当然大多数人家还是乐于招待这些天真烂漫的小客人，万圣节更成为孩子们纵情玩乐的好时光。

万圣节也为喜好标新立异、寻求刺激的人们提供了一个狂欢的绝佳机会。节日这天傍晚，身着奇装异服的人们涌上街头，装扮成各种妖魔鬼怪招摇过市，各种即兴表演更是技巧高超、怪招迭出，将"鬼节"的气氛渲染得淋漓尽致。

万圣节最流行的一个游戏是"咬苹果"。游戏时，人们让苹果漂浮在装满水的盆里，然后让孩子们在不用手的条件下用嘴去咬苹果，谁先咬到，谁就是优胜者。

世界糖尿病日
11月14日

　　糖尿病是一种常见的慢性非传染性疾病，由人体内胰岛素缺乏或功能缺陷所致。这种功能失调导致血中葡萄糖浓度增高，从而危及体内很多系统，特别是对血管系统和神经系统影响最大。糖尿病危害巨大，主要是其严重的并发症和高死亡率。资料显示，糖尿病是造成下肢截肢和成人新发失明的首要病因。糖尿病患者发生心血管疾病、脑卒中、尿毒症、失明的危险性高出普通人数倍。糖尿病可分为Ⅰ型糖尿病、Ⅱ型糖尿病和妊娠期糖尿病，其中Ⅱ型糖尿病最为常见。Ⅰ型糖尿病患者体内只能产生少量或不能产生胰岛素；Ⅱ型糖尿病又称成年发病型糖尿病，特点是胰岛素抵抗，即自体能够产生胰岛素，但细胞无法对它作出反应；妊娠期糖尿病是指妇女妊娠怀孕期间患上糖尿病。糖尿病的发病与遗传、肥胖和不良生活方式等因素相关。虽然糖尿病对人体健康有着巨大危害，但研究表明，它是可以预防和治疗的。如能有效控制，糖尿病病人工作和生活都不会受到影响，但如果控制不当，可导致严重的并发症。

　　随着全球糖尿病患者迅速增加，世界卫生组织和国际糖尿病联合会1991年决定，将每年的11月14日作为"世界糖尿病日"，

173

呼吁人们关注糖尿病的危害。11月14日是胰岛素发现者、加拿大科学家班廷的生日。2006年12月20日，联合国大会通过61/225号决议将世界糖尿病日正式确立为联合国糖尿病日，将专家、学术行为上升为各国的政府行为，促使各国政府和社会各界加强对糖尿病的控制，减少糖尿病的危害。

据国际糖尿病联合会提供的数据，目前全球糖尿病患者已近2.5亿人，其中46%为40至59岁劳动力人口，且80%集中在中低收入国家。如果不采取积极措施，在20年内将增至3.8亿人。全球每年约有380万人死于糖尿病，每10秒钟就有一个糖尿病患者死亡，每10秒钟就有2个人被诊断为新发糖尿病。糖尿病已成为导致全球人口死亡的第四大疾病。由于糖尿病给人类带来的巨大危害，世界卫生组织称之为"21世纪的灾难"。

糖尿病不仅危及成年人健康，更是儿童青少年人群中常见的慢性疾病之一。全球平均每450名儿童中就有1个为Ⅰ型糖尿病患儿，儿童Ⅱ型糖尿病患者，特别是有遗传倾向的肥胖儿童中Ⅱ型糖尿病患者的增加也很明显。据有关统计，近年来，全球学龄前儿童糖尿病患者以每年5%的速度递增，全球15岁以下人群中平均每天增加200名糖尿病患者。儿童患糖尿病虽有糖尿病遗传基因及环境因素的作用，但更主要的原因为外部因素，脂肪摄入高、缺乏运动以及学习压力大等。预防儿童糖尿病最关键的是改变生活方式。要培养良好的饮食习惯，高热量、高脂肪食物不宜过量摄入。汉堡包、油炸食品、含糖饮料、各式果糖、巧克力、花生、奶油蛋糕等也不宜过量进食。应认识到新鲜蔬菜、水果、瘦肉、鱼类和杂粮是保证人们健康的食品。在很多国家和地区，患有糖尿病的儿童青少年难以得到有效诊断和及时治疗。因此，国际糖尿病联合会和世卫组织2008年继续将儿童青少年作为世界糖尿病日的重点关注人群。

糖尿病患者最多的5个国家依次为印度、中国、美国、俄罗斯和德国；成年人群中糖尿病发病率最高的5个国家依次为瑙鲁、阿拉伯联合酋长国、沙特阿拉伯、巴林和科威特。

除了要多吃低糖、低脂肪、高蛋白、高纤维食品外，糖尿病人可以选择以下食物：

1.寒凉滋润之品，如银耳、百合、荸荠、梨等，以甘寒润肺；山药、莲子、茯苓、核桃仁、扁豆等，以滋肾健脾；绿豆以清热解毒祛暑；丝瓜、冬瓜、枸杞子、海带等，以清热泻火滋阴。

2.桃、杨梅、樱桃等新鲜水果，这些水果中含有丰富的果胶，能增加胰岛素的分泌量，使血糖下降。

3.宜常吃苦瓜、南瓜、柚子等，这些食物营养丰富，又可降糖。

4.宜常吃黑芝麻、葱、胡萝卜，有助于改善因少吃淀粉而造成的乏力等症状，并能降低血糖。葱还能增强人体对蛋白质的利用，对控制糖尿病很有好处。

5.宜饮用凉开水泡的茶。茶叶中含有一种较理想的降血糖物质，但其耐热性不强，有效成分常在开水浸泡的过程中遭到破坏。因此用茶叶降血糖时，切忌用热开水泡饮。

链　接

目前糖尿病认识有六大误区

1.糖尿病可以根治。

2. 血糖得到控制，治疗就可以停止了。

3. 只要遵医嘱服药就能治疗糖尿病。

4. 感觉良好时，血糖监测就没有必要了。

5. 长期使用胰岛素会产生依赖性。

6. 糖尿病患者不能吃水果。水果中有丰富的维生素、矿物质、纤维素，对糖尿病患者很有益处。糖尿病患者可以吃水果，但不能滥吃，要适量，病情危重时除外。另外，吃水果时最好是空腹，切忌饭后立即食用水果，而且要选择少糖水果，如草莓、柚子等。

世界卫生组织指出，在控制了吸烟、不合理膳食和缺乏体力活动等危险因素之后，约80%的糖尿病可以预防。

国际宽容日　11月16日

　　20世纪90年代初"冷战"结束后，由于全球化、大量移民等因素的影响，对不同的文化缺乏宽容、不能容纳与自己不同的行为方式和不能与各种文化进行有益的交流使世界面临诸多的问题。不同性别、不同种族、不同宗教、不同文化背景的人们如何和谐地生活在一起，如何制止仇恨、加强理解、和谐共处，成为全球性的严重挑战。为此，一直主张对话的联合国教科文组织明确提出了"宽容"的概念。1995年，联合国成立50周年，时任联合国教科文组织总干事的费德里科·马约尔撰文《宽容——全球安全不可或缺的要求》，指出宽容是一种道德情操和政治义务，是维护人权和民主的责任所在。同年11月16日，联合国教科文组织第28届大会通过《宽容原则宣言》，1996年，在联合国大会12月12日通过的51/95号决议中，大会请会员国每年11月16日宣传纪念国际宽容日，进行以教育机关和一般民众为对象的适当活动。

　　《宽容原则宣言》提出，要采取一切必要的积极措施，促进社会宽容，因为"宽容是实现和平，提高所有人经济、社会地位的一项宝贵且必要的原则"。宽容并不是简单地指"容忍他人行为"，而是指承认他人的权利与自由，包容各国的理想与文化，不仅对自己负责，也要对他人负责。宽容绝不是指让步、俯就或迁就，而是以积极的态度承认普遍的人权和他人的基本自由。它要

177

求尊重人权，求同存异，促进以和平文化来取代战争文化。联合国前任秘书长安南曾在"国际宽容日"倡导，用关心取代冷漠与轻视，用了解取代盲目、无知和歧视。

教科文组织曾在对宽容日的介绍中提到，构建宽容、诚信社会不是在一朝一夕间完成的，它需要时间和社会各方的共同努力。由于偏见、不满多来自于无知和恐惧，因此教科文组织呼吁整个社会普及宽容教育，呼吁不同民族了解彼此的文化，相互尊重，和谐相处。教科文组织强调，宽容教育要从孩子抓起，父母尤其要特别注意自己的言行举止可能对孩子产生的影响。

宽容的内容很多，良心与友善是种宽容，热情与助人是种宽容，放宽心态和理解他人也是宽容，生活、工作中太多的细节也离不开宽容。宽容意味着尊重，是社会文明程度的标志，是消弭人与人之间紧张、误解等情况的良方。在中国传统文化和道德中，宽容与"豁达""兼爱"等词汇是联系在一起的。人和人交往，有了宽容才会有理解和微笑，有了宽容人们才会更乐意交流和沟通，有了宽容将使得天地间变得更有利于人类生存与发展。生活中许许多多悲惨事件的发生，根源往往出在事件双方缺少宽容的修养与胸襟。

人，不但要对别人宽容，对自己也应该宽容，不能有任何践踏的思想、念头与行为。推而广之，还要对动物宽容，对所有与我们共同生活在同一个世界上的草木山石宽容。唯有如此，我们共同赖以生存、衍息的地球，才会充满生机。

宽容不是纵容，它的背后要有法治的精神作为支撑，宽容的心态是社会的润滑剂。无法治，则社会无秩序；无宽容，则社会无和谐。我们不可能要求每一个人都变得宽容。但是要懂得宽容，愿意宽容。

社会的科学持续发展离不开和谐，而宽容正是和谐的润滑剂和助推器。毫无疑问，它也是和谐运行的原动力之一。如果人人都能懂得宽容待人待事待物，愿意并身体力行地实施宽容之道，那么就一定能实现人与社会的和谐，人与自然的和谐。让我们都在国际宽容日这天开始变得更加宽容，从多说几声"对不起""没关系"和"谢谢你"开始吧——即使应该说这些的可能是别人。

国际大学生节
11月17日

1939年11月17日，德国法西斯侵略捷克斯洛伐克，布拉格大学等高校的大学生游行示威，遭到法西斯的残害。布拉格大学9名学生和2名教授被屠杀，同时其他名校的男女学生也遭到了机枪的扫射、殴打和监禁。1946年11月17日，为了在大学生中倡导和平、民主和自由，也为了纪念反法西斯的大学生运动，建立了第一个"世界大学生日"（又称"国际学生日""国际大学生节"）。

如今，国际大学生节的意义早已经超越了初衷。大学生，是充满着朝气与创造力的群体，是爱心与拼搏精神同时具有的高素质群体。相信在每个人心里，对"大学生"都有着不同的美好想象或回忆。我们要牢记历史的使命，让年轻而充满梦想的大学生活充实而美好。祝愿所有大学生朋友节日快乐，珍惜时光，把握青春，每天离自己的梦想更近一点！

世界厕所日　11月19日

世界卫生组织的一项报告显示，目前世界上有40%的人口无法享用合理的公共卫生设施，使得传染病肆虐，每年因此要夺去200万人的生命。世界卫生组织指出，虽然人们已经身处21世纪，可很多国家厕所的设计与使用还停留在18-19世纪。

2001年的肯尼亚，学生们拿着马桶刷呼吁禁止"飞厕"运动。在肯尼亚的一个贫民区，平均1万人才有一个厕所。人们方便的时候就用塑料袋解决，然后将塑料袋往外一抛。据说，有人晚上会不时地听到屋顶上硬物抛落的声音，这就是飞厕。

19世纪的英国，一个实现城市化的国家，由于厕所不够，人们不得不随地大小便。根据记载，在居民区，每30幢住满人的房子才有一个厕所；巴黎这座城市一直是浪漫时髦的象征，可是在1788年，巴黎人长期惯于在花园"一排紫杉树下大小便"，卫兵把他们从那里赶走以后，他们就到塞纳河两岸去行方便，于是塞纳河畔"既不雅观，又臭不可闻"；20世纪70年代，由于莱茵河污染严重，闻上去是一股苯酚味，有人戏说都可以在河中冲胶卷。那时候的莱茵河被冠以"欧洲之厕所"这一臭名。

2001年，30多个国家的500多名代表在新加坡举行了第一届厕所峰会（World Toilet Summit），一直难登大雅之堂的厕所问题受到全世界的关注。来自芬兰、英国、美国、中国、印度、日本、韩国、澳大利亚和马来西亚等国的代表参加了第一届厕所峰会。世界厕所组织的创立者杰克·西姆说："这是为了唤起人们要求使用良好条件厕所的意识。"会议讨论了有关厕所的广泛议题，包括厕所设计、卫生、舒适，以及解决排泄物污染和发展中国家厕所缺乏等问题。厕所问题终于首次可以像贸易问题一样登上高级别议事厅了。会议决定，每年的 11 月 19 日为"世界厕所日"。第二届、第三届厕所峰会分别在韩国和中国台北举行。主题为"以人为本，改善生活环境，提高生活质量"的第四届世界厕所峰会 2004 年 11 月 17 日在北京召开。

以下是一组关于厕所的统计数字：

每个人每天大约要光顾厕所 6 ~ 8 次，一年大约会有 2 500 次。

每个人一生中，平均有 3 年是在厕所里度过的，而且女性花的时间要更长。

白宫的第一间厕所建于 1825 年。

在卫生纸被发明出来以前，法国贵族便后使用质量上乘的亚麻制品。

据世界卫生组织调查，全球 25 亿人缺乏现代厕所设施。

据联合国预测，卫生设施每增加 1 美元投入，医疗健康开支就会减少 9 美元。

世界厕所日的"三我"口号：代表厕所——"我需要更高的社会地位！"代表厕所清洁人员——"我需要更好的待遇，得到别人的尊重！"代表 25 亿缺乏厕所的人——"我需要更多更好的地方来排泄！"

世界电视日 11月21日

    20世纪90年代，电视在世界各地迅速普及，电视的非凡影响力日益受到人们的关注。1996年11月21日至22日，由联合国新闻部、意大利外交部和意大利电视台共同举办的首届世界电视论坛在纽约联合国总部举行。会议就电视在国际事务中应发挥的作用进行了探讨，与会代表还建议设立"世界电视日"。同年12月18日，第51届联大通过决议，将首届世界电视论坛召开的日子11月21日确定为世界电视日，以此促进世界传媒事业的发展，引导电视产业为促进世界和平和人类社会发展发挥积极作用。该决议呼吁开展全球电视节目交换活动，并强调这些节目应该"特别关注和平与安全、经济和社会发展以及加强文化交流等问题"。此后联合国新闻部每年都在世界电视日前后于联合国总部举办世界电视论坛。

    电视被称为20世纪最伟大的发明之一，人类的生活因为电视而发生了深刻的变化。重大新闻、精彩赛事、艺术休闲、异域风情……电视成为人们充实自己、了解世界的窗口，人们足不出户，便尽知天下事。作为当今世界最强有力的传媒之一，电视在人们的生活中不可或缺。然而，正因如此，电视在大大增进世界文化交流的同时，也使得弱小文化面临冲击。与此同时，发达国家与发展中国家存在巨大的电视信息鸿沟，也使得发展中国家的观点和声音面临被淹没和被边缘化的危险。

联合国曾强调，必须找到消除电视信息鸿沟的方法，保持和促进文化及语言的多元化，促使电视为人类的福祉作出更大贡献。因此，电视作为国际性媒体，应该更多地关注广大发展中国家人民的生活，展现多种文化和不同观点，致力于提供公正的信息、维护世界文化多样性，更好地担负起促进经济发展、社会进步，维护人类和平的使命。

国际消除家庭暴力日
11月25日

1960年11月25日，3位多米尼加女性——米拉贝尔三姐妹在多米尼加惨遭杀害。为了纪念这一事件，1981年7月，第一届拉丁美洲女权主义大会宣布把11月25日确定为反暴力日，并且决定每年从11月25日到12月10日举行为期16天的相关宣传活动。

1993年11月25日，联合国发表了《消除针对妇女的暴力宣言》，将"对妇女的暴力行为"定义为：在公共场所或私人生活中，对妇女造成或可能造成身心或性行为上伤害和痛苦的任何基于性别的暴力行为。

1999年3月8日，联合国妇女发展基金会在联合国大会上举行了以反对家庭暴力为主题的全球电视会议，并在非洲和太平洋地区、拉丁美洲和加勒比海地区发起了一系列消除对妇女实施暴力的宣传活动。同年11月3日，联合国大会正式通过由多米尼加共和国提出、60多个国家支持的建议，将每年的11月25日定为"国际消除家庭暴力日"，也称"国际消除针对妇女暴力日"。

家庭暴力日益受到世界各国的关注和重视。有关调查显示，世界范围内至少有1/3的妇女在其一生中遭受过暴力、性虐待和虐待，而大多数施暴者是她的家庭成员。家庭暴力产生的根源是一

个复杂的历史过程，但最重要的原因是男性统治地位及父权文化观念，使妇女在整个生命周期各阶段都会在公共场合和家庭中受到基于性别的暴力。家庭暴力是对妇女人权和基本自由的侵犯，它不仅会造成婚姻解体、家庭破裂，还严重摧残妇女的身心健康。家庭暴力如果得不到及时有效的遏制，往往会逐步升级，演变为恶性事件，同时引发众多的民事案件和刑事案件，影响社会的安宁与稳定。其影响远远超出了家庭范围，需要全社会的关注。反对和消除家庭暴力是一个国家应负的责任，是全社会的共同责任。

近年来，国际社会为消除家庭暴力做出了不懈努力，许多国家制定了相关法律法规对家庭暴力实施惩戒。然而，针对女性暴力的危害性和严重性在很多国家和地区仍没有受到足够的重视，这种行为依然存在，特别是在贫穷、战乱地区。2008年6月19日，联合国安理会一致通过了关于妇女、和平和安全的第1820号决议，要求世界冲突地区交战各方立即停止针对妇女的暴力行为，并采取更加有力的措施保护女性免受此类攻击。

专家们呼吁各国政府切实履行承诺，与社会团体、人权保护者及有关专家合作，向受害者提供保护和支持，并加强相关的宣传教育，通过各种机制来保障妇女的权益。

感恩节
11月的第四个星期四

　　每年11月的第四个星期四是感恩节。感恩节是美国人独创的一个节日，也是美国人合家欢聚的节日。

　　感恩节是美国国定假日中最地道、最美式的节日，它和早期美国历史密切相关。公元16世纪末至17世纪初，英国清教徒发起了一场来势猛烈的宗教改革运动，至17世纪中叶，保皇议会通过《信奉国教法》，清教徒遭受到来自政府和教会势力的合力扑杀，被逼无奈之下，他们只得迁往荷兰避难。但在荷兰，清教徒不仅依旧没有逃过宗教迫害，而且在远离故土的情况下，孩子们因不能受到正统的英式教育，对故土的感情一天天淡薄下去。为了彻底逃过宗教迫害和保留住祖国的语言、传统，清教徒们准备进行再次的大迁徙，并将目光投向了百年前哥伦布发现的"新大陆"——美洲。当时的美洲地广人稀，物产丰饶，是一块尚未开发的处女地，他们希望在那里自由生活，信奉、传播自己的宗教，寻找失去的自由和权利。

　　于是，1620年9月，清教徒的著名领袖布雷德福召集了102名同伴，怀着对未来的美好憧憬，登上了一艘重180吨、长90英尺的木制帆船——五月花号。他们在海上颠簸了两个月之后，终于

187

在酷寒的 11 月里，于现在的马萨诸塞州的普利茅斯登陆。移民们划着小艇登陆时，按照古老的航海传统，首先登上了一块高耸于海面上的大礁石。当时，五月花号上礼炮轰鸣，人声鼎沸，人们共同庆祝新生活的开始。后来，这块礁石就被称为"普利茅斯石"，成为这一事件永久性的历史见证。

到达美洲的第一个冬天，新移民便遭到了严峻的考验。在一片冰天雪地里，移民们缺少必要的装备，也缺乏在这片土地上生活的经验，严寒和传染病夺去了半数以上人的生命，春天来到之时，历尽千难万险来到美洲的 102 名移民，只剩下了 50 个。就在移民们束手无策之际，临近村落的印第安人来访，对移民们表达了热烈的欢迎，并给予了他们行之有效的实质性帮助。印第安人给移民们送来许多生活必需品，教给移民们在这块土地上的生活经验，教授他们捕鱼、狩猎及饲养火鸡的技能。这一年，天公作美，风调雨顺，在印第安人的帮助下，移民们获得了大丰收，闯过了生活的难关，在新大陆上站稳了脚跟。就在这个秋天，已成为普利茅斯总督的布雷德福下令举行庆祝丰收的盛典，感谢上帝的眷顾，这就是历史上的第一个感恩节。当然，他没有忘记为移民们排忧解难的印第安人，特地邀请他们前来参加节日庆典，印第安人欣然接受了邀请。11 月底的一天，移民们大摆筵席，桌子上摆满了来自山林中的野味和用自产的火鸡、南瓜、玉米、笋瓜等制作的佳肴。庆祝活动一共进行了 3 天，白天宾主共同欢宴，畅叙友情。晚上，草地上燃起了熊熊篝火，在凉爽的秋风中，印第安小伙子同移民们一起跳舞、唱歌、摔跤、射箭，气氛非常热烈。

从此，这一习俗就延续下来，并逐渐风行各地。1863 年，当时的美国总统林肯正式宣布每年 11 月的第四个星期四为感恩节并

定其为国定假日，届时家家团聚，举国同庆。

今天，在美国人心目中，感恩节是比圣诞节还要重要的节日。它是一个长达四天的假日，足以使人们尽情狂欢、庆祝。每逢感恩节这一天，美国举国上下热闹非常。城乡市镇到处举行化装游行、戏剧表演和体育比赛等，学校和商店也都按规定放假休息。孩子们还模仿当年印第安人的模样穿上离奇古怪的服装，画上脸谱或戴上面具到街上唱歌、吹喇叭。当天教堂里的人也格外多，按习俗人们在这里都要做感恩祈祷。

感恩节也是传统的家庭团聚的日子。感恩节期间，散居在他乡外地的家人，都要赶回家中欢聚节日，远离家乡的人也会被所在当地家庭邀请到家中作客。人们还为那些不幸者送去食物，当地一些机关、学校和教堂先收集食物然后装入食品篮内分发给穷人。有些商店老板还将火鸡送给雇员和一些老顾客作为感恩节礼物。

美国人一年中最重视的一餐，就是感恩节的晚宴。感恩节的夜晚，家家户户都大办宴席，物品之丰盛，令人咋舌。丰盛的家宴早在几个月之前就开始着手准备。值得一提的是，感恩节的食品极富传统色彩。人们在餐桌上可以吃到苹果、橘子、栗子、胡桃和葡萄，还有葡萄干、布丁、碎肉馅饼、各种其他食物以及鲜果汁，其中最吸引人的大菜是烤火鸡(roast turkey)和南瓜馅饼(pumpkin pie)，这两样也是在节日的餐桌上必须具备的。烤火鸡是感恩节的传统主菜。火鸡原是栖息于北美洲的野禽，后经人们大批饲养，成为美味家禽，每只可重达四五十磅。现在仍有些地方设有火鸡猎场，专供人们在感恩节前射猎，有兴趣的人到猎场花些钱，就能亲自打上几只野火鸡回家，使节日更富有情趣。火鸡的吃法也有一定讲究。它需要整只烤出，鸡皮烤成深棕色，肚子

189

里还要塞上许多拌好的食物，如碎面包、核桃仁、玉米、香肠、洋葱、葡萄干等等。端上桌后，由男主人用刀切成薄片分给大家。然后由各人自己浇上卤汁、撒上盐再食用，味道十分鲜美。由于烤火鸡在感恩节的特殊地位，感恩节也被称为"火鸡节"。

感恩节宴会后，人们有时会做些传统游戏，比如南瓜赛跑。比赛者用一把小勺推着南瓜跑，规则是不能用手碰南瓜，先到终点者获胜。比赛用的勺子越小，游戏就越有意思。还有一种玉米游戏也很古老。据说这是为了纪念当年在粮食匮乏的情况下发给每位移民五个玉米而流传下来的。游戏时，人们把五个玉米藏在屋里，由大家分头去找，找到玉米的五个人参加比赛，其他人在一旁观看。比赛开始，五个人就迅速把玉米粒剥在一个碗里，谁先剥完谁得奖，然后由没有参加比赛的人围在碗旁边猜里面有多少玉米粒，猜得数量最接近的奖给一大桶爆玉米花。

尽管感恩节是合家团圆的日子，但每年节日期间，仍然有成千上万的人抽出余暇，前往普利茅斯港参观、游览，重温美国的历史。

今天，不仅美国人过感恩节，加拿大人也将10月的第二个星期一作为感恩节，并把它视为例行节日。

世界艾滋病日
12月1日

　　1981年6月，美国洛杉矶发现5名年轻男性，因患少见的肺囊肺炎而死亡；几乎同时，纽约也发现20名因少见的卡波西式肉瘤去世的年轻男性。后来经美国国立疾病管制局（CDC）研究并证实：他们均死于一种免疫系统机能丧失的同一类症候群，并于1982年将这种疾病正式命名为A（Acquired后天）I（Immune免疫）D（Deficiency缺乏）S（Syndrome症候群），简称为AIDS。

　　因为艾滋病死亡，主要是感染了一种造成身体免疫功能丧失的病毒——H（Human人类）I（Immunodeficiency免疫缺乏）V（Virus病毒），HIV即是人类免疫缺乏病毒，俗称艾滋病毒；这些病毒会攻击人身体的免疫系统，后天免疫缺乏症候群（艾滋病）则是感染人类免疫缺乏病毒的末期表现。

　　自1981年美国研究人员发现世界首例艾滋病病例后，艾滋病在全球范围内迅速蔓延，逐渐成为全球关注的重要公共卫生和社会热点问题。为提高人们对艾滋病危害的认识，世界卫生组织于1988年1月在英国伦敦召开由100多个国家卫生部长参加的高级会议，会议确定每年12月1日为"世界艾滋病日"，号召世界各国在这一天举办各种活动，宣传和普及预防艾滋病的知识。同时每年

191

拟定一个宣导主题。

　　根据世界卫生组织的统计，超过70％的艾滋感染者是经由异性间的性行为传染所致，另外10％则是由男性传染给男性，而男性比女性较少主动寻求健康咨询，也比较喜欢尝试某些危险行为，其中尤以酗酒、药物滥用及嫖妓等常见，都是导致本身或是他们的性伴侣成为艾滋病毒高危险人群的主要原因。

国际残疾人日　12月3日

　　残疾人通常是社会中的弱势群体。由于身体缺陷、社会偏见和歧视等原因，残疾人本应享有的权利往往得不到充分保障。1976年，为唤起社会对残疾人的关注，联合国大会宣布1981年为"国际残疾人年"，并确定了"全面参与和平等"的主题。1982年12月，第37届联大通过了《关于残疾人的世界行动纲领》，宣布1983年至1992年为"联合国残疾人十年"，同时呼吁世界各国及国际组织积极开展活动，增进人们对残疾人的理解和尊重，改善残疾人的生活状况，使他们享有参与社会的平等机会。1992年10月，第47届联大举行了自联合国成立以来首次关于残疾人问题的特别会议。大会通过决议：请所有会员国和有关组织加强努力，为改善残疾人的状况采取持续而有效的措施；宣布其后每年12月3日为"国际残疾人日"；敦促各国政府以及全国性、地区性和国际性组织在执行国际残疾人日决议中进行充分合作。

　　确定国际残疾人日的目的是：持续提高政府和社会对残疾人的认识，促使各国政府将残疾人事业放在优先地位，采取更有力、更广泛的行动和措施，实现"人人共享的社会"。促进人们对残疾人问题的理解，鼓励人们维护残疾人的尊严，保障其权利和幸福。同时也是为了增加残疾人融入政治生活、社会生活、经济生活和文化生活等各个方面时所获得的成就感。在世界范围内，残疾人事业日益引起广泛关注，不同种族的人们都开始形成一个共识，残疾人事业是人道主义的事业，是一项崇高而又光荣的事业，是人类进步和正义的事业。庆祝国际残疾人日给人们提供了一个机会，使其改变对残疾人的态度，并消除影响残疾人充分参与社会生活各个方面的障碍。

目前，全球共有6.5亿残疾人，约占世界总人口的10%，其中80%分布在发展中国家。多年来，世界各国在保障残疾人权利和建立无障碍社会方面取得了一定进展。但由于造成残疾人边缘化的社会环境和法律障碍依然存在，残疾人在就业、教育和医疗等方面的权利仍然受到限制。据联合国的统计数据，在发达国家，残疾人的失业率达50%~70%，在发展中国家，残疾人失业率高达80%~90%。此外，在发展中国家，90%的残疾儿童不能入学接受教育。

国际反腐败日　12月9日

　　腐败作为人类的公敌，在人类前行的道路上，一直尾随着。人类和腐败的斗争一刻也没有停止过，但人类战胜它的决心在今天更大了。为有效预防和打击腐败问题在世界各国的不断蔓延，联合国于2000年成立了特设委员会，负责制定《联合国反腐败公约》。2003年10月31日，《联合国反腐败公约》在第58届联合国大会获得审议通过，成为联合国历史上通过的第一个用于指导国际反腐败斗争的法律文件。同年12月，该公约在墨西哥梅里达举行的国际反腐败高级别会议上开放供各国签署。此后，在国际反贪污组织"透明国际"的倡议下，联合国决定将每年的12月9日确立为"国际反腐败日"，以纪念公约的签署和唤起国际社会对腐败问题的重视与关注。

　　腐败在全世界范围内普遍存在，所有国家，不管大小和贫富，都存在着腐败现象。腐败既是经济问题，也是政治和社会问题。腐败侵蚀法治，损害着政府的合法性，同时也削弱了政府遏制腐败的能力。腐败还会造成投资减少，并为有组织犯罪和恐怖主义提供了滋生的温床。它严重威胁着一个国家的发展与稳定，是一种对社会产生广泛腐蚀作用的"隐性恶疾"。世界银行统计数据显示，在发达国家和不发达国家中，每年支付的贿金超过1万亿美元。腐败对发展中国家尤具破坏性，是阻碍脱贫和经济发展的重

195

要因素。许多针对贫困国家及地区的援助和发展计划都因当地猖獗的腐败行为而收效甚微。因此，打击和消除腐败行为迫在眉睫。

　　但相对于其他节日的"轰轰烈烈"，比如，"世界环境日"有官员出面捧场、全民参与，"世界艾滋病日"有宣传材料及情侣用品发放，"国际反腐败日"显得稍有些平淡甚至冷清，与之相关的宣传活动资讯很少见诸媒体。唯有大张旗鼓，动员社会各界广泛参与，才能对腐败分子产生强烈的震撼，才能有效预防腐败。在国际反腐败日这天举行相关活动，不仅有利于在全社会形成反腐倡廉的舆论氛围，最大限度地挤压腐败文化的生存空间，而且可以开阔公众的反腐视野——腐败问题是一道世界性的难题，是任何社会制度、任何国家都必须直面的问题。

世界人权日　12月10日

　　"世界人权日"始于1950年，国际社会在这一天共同纪念《世界人权宣言》倡导的基本自由，向积极促进和捍卫这些权利的人们致敬。

　　《世界人权宣言》由1948年12月10日第3届联合国大会通过，是国际社会第一次就人权作出的世界性宣言，对于指导和促进全人类的人权事业发挥了极其重要的作用，目前在全世界已有360种语言以上的版本。1950年，联合国大会将每年的12月10日定为"世界人权日"。《世界人权宣言》通过后20周年即1968年，也被联合国定为"国际人权年"。

　　《世界人权宣言》起草委员会共有8名成员，由来自美国、澳大利亚、智利、中国、法国、黎巴嫩、苏联和英国的代表组成。经过两年的讨论和起草，最终提出，"人人生而自由，在尊严和权利上一律平等；人人都有资格享受本《宣言》所载的一切权利和自由，不论其种族、肤色、性别、语言、财产、宗教、政治或其他见解、国籍及其他出身、身份。这些权利和自由可分为公民权利和政治权利以及经济、社会和文化权利两大类。"其中，公民权利和政治权利包括：生命权、人身权、不受奴役和酷刑权、人格权、法律面前人人平等权、无罪推定权、财产权、婚姻家庭权、思想良心和宗教自由权、参政权和选举权等等；经济、社会和文化权利包括：工作权、同工同酬权、休息和定期带薪休假权、组织和参加工会权、受教育权、社会保障和享受适当生活水准权、参加文化生活权等等。《世界人权宣言》同时规定，权利和义务不可分离，个人在享受权利时，应依法尊重他人的权利，并服从道德、公共秩序和普遍福利的需要。

《世界人权宣言》虽无法律约束力，但如今已成为一部习惯法。其确立的原则得到国际社会的支持，成为法定惯例。它促使了60多项人权文件诞生，包括1976年《公民权利和政治权利国际公约》等具有法律约束力的条约。

在2007年世界人权日，联合国秘书长发起了联合国大家庭所有成员都参与的一整年的宣传活动，一直延续到2008年世界人权日——《世界人权宣言》问世60周年。秘书长潘基文指出："我们有责任确保使这些权利在生活中实现。——无论任何地方，人人知道、了解、享有这些人权。往往最需要人权保护的人也是需要知道《世界人权宣言》存在的人——《宣言》是为他们而存在。"2008年世界人权日潘基文再次强调："值此人权日，我希望我们所有人都能履行我们的集体责任，维护《世界人权宣言》中的各项权利。只有当《世界人权宣言》的各项原则都充分适用世界各地的每个人时，我们才没有辜负这一鼓舞人心的文件的高瞻远瞩。"

圣诞节　12月25日

圣诞节也称耶诞节（英语：Christmas，即"基督弥撒"），是基督教历法的一个传统节日，原是基督徒庆祝耶稣诞生的日子，而现今已发展为流传最广、影响最大的一个世界性的大众节日。

耶稣出生的故事已经流传了多个世纪，主要根据基督教福音书中的马太福音和路加福音而来。路加福音中描述说，玛丽娅年幼时收到天使加百列的消息，告知身为处女的她将藉由圣灵受孕。当时罗马皇帝奥古斯都下旨，叫天下人民各归各城以进行人口普查，于是玛丽娅和未婚夫约瑟一起离开在加利利的拿撒勒城到犹太去，途经约瑟祖先大卫生活的伯利恒城。此时伯利恒城的乡村旅店里已经没有空房，他们只好寄宿在旅舍外面，到了夜间，玛利娅在外面的马厩里生下了耶稣。

具体耶稣出生的日期，已经被认定为9月到10月之间。而现在我们庆祝的圣诞节（12月25日）的日期来源自公元后400余年的古罗马。古罗马人敬太阳为神，称之为米特拉神。他们认为阳历12月24日"冬至"日，是全年中日照时间最短的一天，而12月25日便被象征性地看做太阳的"生日"。在古罗马各神教内，这一天便为太阳神的节日。到了4世纪，由于政治原因罗马皇帝开始扶植基督教，当基督教成为罗马帝国的国教后，为了同时照顾传统民情，便将民间大众所庆祝的太阳神之节（12月25日）与新的国教相结合，把耶稣的出生日定为现在圣诞节的日期。根据教会史记载，圣诞节的庆祝最早是在公元336年的罗马城中举行，后普及至整个帝国境内。随着基督教势力的扩大与西方文化的广泛传播，圣诞节逐渐成为世界各地重要的民间节日。尤其在欧美各国，圣诞节已经大大超过了新年，成为一年当中最重要、最热闹，也是持续时间最长的节日。

12月24日是圣诞前夕，称为圣诞夜，也称平安夜。按照传统，届时人们不管身在何处，都会赶回家中团聚，这一天即使是工作日，也不会像往常一样要求严格。比如在英国，平安夜如在工作日，有时会被银行及贸易公司视为短日(下午休息)。平安夜必不可少的节目是家庭聚会和欢庆Party。这天夜里家庭成员或团聚在家中，共进丰盛的平安夜大餐，然后围坐在温暖的壁炉旁，弹唱聊天，共享天伦；或举办一个别开生面的化装舞会，通宵达旦地歌舞狂欢，庆祝平安夜，祈望幸福、祥和、平安及团圆。由于圣诞节的宗教意义，平安夜的高潮就是基督教堂举行的平安夜弥撒。"弥撒"是拉丁语的中文音译，是圣祭仪式的意思。相传耶稣在最后的晚餐上留下遗嘱：他的肉体和鲜血会隐匿在饼和酒的外形内，要把这样的饼和酒作为圣餐给信徒们分食，使信徒和基督合为一体，永远继承基督精神。从此以后，每到平安夜基督徒都要举行仪式，"弥撒"由此而来。人们一般在共进晚餐之后，就会自发地全家前往教堂，参加平安夜弥撒。平安夜弥撒一般分为两次，晚上九点至十点的一次对教众举行；另一次是子夜时分的大弥撒，这是平安夜的高潮。子夜大弥撒在午夜结束，此时，圣诞节来临，教堂的钟声敲响了对世界的宽恕、祝福和欢乐、幸福。

圣诞节虽然起源于宗教传说，但早已民俗化了，现在世界各地特别是欧美国家的圣诞节，就相当于中国人的春节，浓郁的喜

庆气氛、多彩的节庆活动、广泛的民众认同都和春节无异。人们趁着圣诞期间休息放松，或合家团聚或外出旅行。此期间，和蔼可亲的圣诞老人、彩灯缠绕的圣诞树、美轮美奂的圣诞礼物、精彩纷呈的圣诞习俗和庆祝活动，都使身临其境者置身缤纷的圣诞世界，尽享节日的幸福与欢快。

很多国家里，一些组织机构会在圣诞节前几周便开始举行圣诞聚会和舞会，一些组织还会有圣诞游行表演，一些团体还会有露天唱诗活动，如访问邻居家歌唱圣诞歌曲。有时人们藉由假日参与特别的义工工作，或是进行慈善筹款活动。虽然世界各地的人们都在圣诞期间举行庆祝活动，而这些习俗因各国各地的历史、宗教、国家等原因而又有所区别。

在法国，因为相传耶稣是诞生在马槽旁的，所以马槽是最富有特色的圣诞标志。人们唱毕圣诞歌，开怀畅饮香槟和白兰地，这是法国传统的圣诞美酒。法国人非常重视圣诞弥撒，在子夜弥撒完毕后，家人一同前往最年长的已婚哥哥或姐姐的家里团聚。这个聚会主要讨论家中要事，如果有家人在这一年中产生矛盾不和睦的，在这之后也要冰释前嫌，和好如初，仁慈是圣诞在法国的主题。

英国人和德国人一样，更喜欢利用圣诞节假日外出旅游。美国人过圣诞节着重家庭布置，安置圣诞树，在袜子中塞满礼物，吃以火鸡为主的圣诞大菜，举行家庭舞会。

据说在耶稣诞生时，曾有一头牛向他吐气使他得到温暖，所以即使是在斗牛盛行的西班牙，圣诞节期间的牛也能得到很好的待遇。在西班牙，儿童也会放鞋子在门外或窗外，用此来接收圣诞礼物。

在圣诞节，意大利人有一种良好的风俗：儿童会在节前撰写

文章或诗歌，内容通常是歌颂父母养育儿女的辛苦。在圣诞大餐之前，孩子们把写好的作品偷偷藏在餐巾里、碟子下面或桌布里，而父母会善意地装作看不见。在全家享用过大餐之后，孩子把作品拿出来，并当众朗读，表达自己对父母的感激之情。

瑞典人以好客闻名，到圣诞期间，表现更为明显。每一个瑞典人的家庭，不论贫富，都会竭诚欢迎朋友，即使是陌生人到来也会受到热情的款待，各种节日食品都摆上餐桌，主人满怀热情地招待每位来访者。

苏格兰人在圣诞之前，都会在家里努力寻找过去一年里向别人借来的东西，这些东西必须在圣诞节之前归还物主。他们多是在新年的首个星期一而并不是在圣诞节期间赠送礼物。苏格兰的小孩子和仆人都会得到礼物。

挪威人在平安夜临睡前，家里每人都把自己所穿的鞋子，由大至小排成一列，并轮流唱出自己最喜欢的圣诞歌或圣诗一首。

爱尔兰的每一个家庭，在圣诞节前夕，都会放一支洋烛或灯在窗门架，表示欢迎救世主降生。